Gouvernance normative du régime général de la sécurité sociale en RDC

Bilan analytique de 1908 à 2013

Glombert LOKO MANTUONO

Gouvernance normative du régime général de la sécurité sociale en RDC

Bilan analytique de 1908 à 2013

Préface de Mwayila Tshiyembe
Professeur Ordinaire

L'Harmattan

5-7, rue de l'École-Polytechnique, 75005 Paris
www. harmattan.com
diffusion.harmattan@wanadoo.fr
harmattan1@wanadoo.fr
ISBN : 978-2-343-04685-3
EAN : 9782343046853

Préface

L'ouvrage qui fait l'objet de cette préface n'est que le premier maillon de trois cibles clairement identifiées et lucidement analysées par l'auteur, à savoir – la gouvernance normative, - la gouvernance managériale, - la gouvernance étatique de la Sécurité sociale, dans le cadre d'une thèse de doctorat en droit économique et social, brillamment soutenue à l'Université de Kisangani (République Démocratique du Congo).

En effet, bien que le lien de cause à effet entre le régime général de la sécurité sociale (initié par le pouvoir colonial belge et poursuivi vaille que vaille par l'Etat congolais) et la réduction de la pauvreté endémique ne soit évidente pour tout le monde (compte tenu de l'effondrement des pans entiers de l'économie congolaise sous le poids de gabegie du Parti-Etat du maréchal Mobutu ; - des guerres récurrentes à l'Est depuis 1996 ; - la maigreur du nombre des travailleurs salariés censés payer des cotisations et toucher des prestations sociales en contre-parti ; - la misère du syndicalisme patronal et ouvrier congolais ; - la gestion calamiteuse de l'INSS depuis des décennies) ; l'auteur a fait preuve d'audace intellectuelle en tentant de chercher l'aiguille dans une botte de foin.

Pour s'extirper de cette dédale, l'auteur a eu l'intelligence de soutenir la thèse selon laquelle, le régime général de Sécurité sociale ne pourrait contribuer, autant que faire se peut, à la réduction de la pauvreté en RDC, que si sa gouvernance fait l'objet d'une triple refondation : - la gouvernance normative, - la gouvernance managériale de l'INSS, - la gouvernance étatique dont dépend la vision globale de la société et des possibles.

Certes, le terme de gouverne est galvaudé parce que mélangé à toutes les sauces, depuis que le FMI et la Banque mondiale en ont fait leur chiffon rouge au profit des programmes d'ajustements structurels, dont on connaît aujourd'hui, la monstruosité des dégâts sur le tissu économique et social. Néanmoins, il est employé ici à bon escient, c'est-à-dire dans le sens de la nouvelle gouvernance définie comme « capacité de faire, de faire faire et d'interdire de faire » que nous énoncions ailleurs.

C'est à ce prix que prend corps et signification l'approche théorique sur la « gouvernance systémique et triptyque » de la sécurité sociale esquissée par l'auteur, en tant que facteur de résilience contre la pauvreté des prestations sociales en RDC.

A condition, bien entendu, que cette nouvelle gouvernance débouche sur la croissance économique, la croissance de l'emploi, la croissance d'efficience dans le management de l'INSS et de l'Etat.

En attendant la mise en bouche d'autres ingrédients, la présente livraison se limite au diagnostic critique de la gouvernance normative de la sécurité sociale, selon le panorama allant du Pacte coloniale (1906) à nos jours (2013).

Fait à Paris, le 14 octobre 2014

MWAYILA TSHIYEMBE

Docteur d'Etat en droit

Docteur en sciences politiques

Directeur de l'Institut panafricain de géopolitique de Nancy (France)

Professeur ordinaire, UNIKIS

AVANT-PROPOS

La sécurité sociale en RDC se doit d'être modernisée à travers la mise à niveau de son cadre juridique qui en appelle à une série des réformes tendant à la refondation du système congolais de sécurité sociale.

Cette refondation devra être construite sur base des socles de la sécurité sociale en s'inspirant des modèles de l'OIT, de l'AISS et de la CIPRES en faveur de l'avènement d'une véritable sécurité sociale citoyenne et fonctionnellement réductrice de la pauvreté.

Analyser le fond de cette question impose au préalable une étude bilancielle sur l'aspect normatif qui se situe en amont de toute activité régissant aussi bien les matières, les moyens que les structures du système de sécurité sociale, de manière à définir clairement les actions, les règles du jeu ainsi que les conditions de l'efficacité dans l'application desdites règles en mettant l'accent sur l'aspect coercitif en faveur d'une gouvernance rationnelle.

C'est à cette fin qu'est destiné le présent ouvrage, aux idées tout aussi variées qu'édifiantes, aux défenseurs des droits humains, opérateurs de la loi, politiciens, professionnels du droit, syndicalistes, à la société civile et à toute personne intéressée qui y trouveront un véritable gisement de réflexion scientifique.

Cet ouvrage interroge et discute l'histoire normative congolaise de la sécurité sociale dans l'aspect qualitatif touchant les matières techniques en dehors de la dimension fiscale de la sécurité sociale, pour déceler les lacunes en termes de branches, éventualités couvertes, prestations et les incohérences juridiques qui gagneraient d'être retouchées dans le cadre d'une gouvernance de la sécurité sociale qui en est le véritable paradigme et dont les acteurs siégeant au sein de la tripartite qu'est la CNT (Gouvernement - Employeur – Travailleur) sont appelés à composer harmonieusement de manière à minimiser les conflits qui pourraient surgir entre eux en privilégiant les vertus que sont le dialogue, la transparence, la démocratie et la participation.

L'auteur

PRINCIPAUX ABREVIATIONS ET SIGLES

A.D. : Arrêté Départemental

A.M. : Arrêté Ministériel

A.T : Accident du Travail

AISS : Association Internationale de Sécurité Sociale

Art. : Article

B.I.T. : Bureau International du Travail

BIT-DSS : Bureau International du Travail, Département de la Sécurité sociale

BRALIMA : Brasserie, Limonaderie et Malterie

CAB/MIN : Cabinet Ministériel

C.T. : Code du Travail

CIPRES : Conférence Interafricaine de Prévoyance Sociale

CIT : Conférence Internationale du Travail

CNS : Conférence Nationale Souveraine

CNT : Conseil National du Travail

Col. : Colonne

CRDS : Centre de Recherche en Droit Social

Ed. : Edition

ETPS : Emploi, Travail et Prévoyance Sociale.

FD : Faculté de Droit

FEC : Fédération des Entreprises du Congo

http : Hyper text transfer protocol (Protocole de transmission hypertexte)

IDH : Indicateur de Développement Humain

IIES : Institut International d'Etudes Sociales

INRS : Institut National de Recherche et de Sécurité

INS : Institut National des Statistiques

INSS : Institut National de Sécurité Sociale

IPM: Impôt Personnel Minimum

ISR: Institute for Social Research

J.O: Journal Officiel

OIT : Organisation Internationale du Travail

O.L : Ordonnance-Loi

P : Page

PP : Plusieurs pages

PNEFP : Politique Nationale de l'Emploi et de Formation Professionnelle

PNPS : Programme National d'Appui à la Protection Sociale

PNUD : Programme des Nations Unies pour le Développement

RDC : République Démocratique du Congo

RG : Régime Général

SOTEXKI : Société Textile de Kisangani

UNIKIS : Université de Kisangani

Introduction

La notion de la gouvernance normative de la sécurité sociale se rapporte aux prérogatives étatiques de légiférer et de réglementer les différentes matières pertinentes allant des branches consacrées, de la hauteur de cotisation, de la procédure, des pénalités et des taux des prestations au fonctionnement de la caisse de sécurité sociale.

Elle s'attache au cadre institutionnel, légal et réglementaire ainsi qu'au degré d'application des lois et règlements. Ces aspects déteignent sur le processus de prise de décision, le degré de transparence, de responsabilisation ainsi que celui de la participation des acteurs à la gestion.

L'étude entend déterminer l'importance de la gouvernance normative en matière de sécurité sociale en RDC, à travers l'interventionnisme étatique sur différentes branches organisées, au cours de différentes périodes ayant caractérisé l'histoire de ce pays.

Elle s'intéresse essentiellement à la dimension qualitative de cette gouvernance, laquelle implique la large couverture des risques et les prestations correspondantes appelées à sécuriser les assurés sociaux afin de répondre à la fonctionnalité et à l'essence de la sécurité sociale, savoir, la lutte contre le dénuement économique et social. Elle est exclusive de toute dimension fiscale de sécurité sociale, entendue les normes touchant la création des faits générateurs, l'assiette et le recouvrement de cotisation de sécurité sociale.

Il s'agit d'un état de lieux de la gouvernance normative de la sécurité sociale en RDC dans le cadre du régime général pendant la période sous analyse.

Cette étude entend s'appuyer sur le cadre institutionnel, légal et réglementaire ainsi que sur le degré de mise en œuvre des lois et règlements, aspects qui déteignent sur le processus de prise de décision, sur le degré de transparence, de responsabilisation ainsi que sur la participation des acteurs à la gestion du régime.

Elle se propose de déterminer l'importance de la gouvernance normative en matière de sécurité sociale en RDC, à travers l'interventionnisme étatique sur différentes branches organisées, au cours de différentes périodes ayant caractérisé l'histoire de ce pays.

La pertinence de cette démarche en trois étapes, telles que traitées dans le deuxième chapitre, et qui part d'abord, **de la charte coloniale du 19 octobre 1908 à la veille de l'indépendance (II.1),** ensuite, **de l'indépendance au 31 décembre 2006 (II.2)** et enfin, **du 1er janvier 2007 au 31 décembre 2013 (II.3)**, réside dans le souci de mettre en évidence les branches et matières sous-règlementées pendant les périodes précédant celles du quinquennat du social, domaines qui devraient retenir l'attention particulière du législateur du social actuel dont le comportement permet d'apprécier sa gouvernance pendant ce laps de temps.

Elle permet de se rendre compte des préoccupations qui ont habité les pouvoirs publics en matière de sécurité sociale, celles qui ont constitué leurs priorités et l'intérêt qu'ils ont, au fil du temps, accordé à la question eu égard aux problèmes réels qui ont évolué et qui sont demeurés sans issues.

Ce développement sera, avant tout précédé, au premier chapitre, d'un tour d'horizon sur les contours des concepts « Gouvernance » **(I.1)**, « sécurité sociale » **(I.2)** et Régime général » **(I.3).**

Il sera fait **une analyse critique au troisième chapitre** touchant à la nature du système de sécurité sociale congolais, aux causes du dysfonctionnement de la gouvernance normative du régime général de la sécurité sociale en RDC et aux alternatives à ce dysfonctionnement.

Ce dernier chapitre entend ressortir le bilan de l'étude à travers les constats réalisés **(III.1)**, ressortir les conséquences du dysfonctionnement **(III.2)** et énoncer les mécanismes correctifs **(III.3).**

Une conclusion assortie de certaines recommandations correctives concrètes va sanctionner la fin de l'étude.

CHAPITRE PREMIER : PROLEGOMENES CONCEPTUELS

La clarification conceptuelle assure à chaque vocable clé utilisé, un contenu clair qui permet de mieux appréhender les analyses face à la multi dimensionnalité de certains concepts. C'est ainsi que dans ce chapitre, les termes « gouvernance » **(I.1)**, « sécurité sociale **(I.2)** et régime général » **(I.3)** vont recevoir leur part d'analyse.

I.1. DE LA GOUVERNANCE

Le contour du vocable « gouvernance », souvent considéré polysémique, doit être fixé dans le sens de l'étude, en commençant par son origine **(1.1),** en passant par les différentes visions doctrinales et théories qui s'y rapportent avant d'en fixer les principes et objectifs en matière de sécurité sociale notamment **(1.2).**

I.1.1. Origine et définitions

A. Origine et évolution du concept « gouvernance »

L'origine du mot gouvernance proviendrait de la gouverne des bateaux avec ce que cela implique, c'est-à-dire choisir une direction en procédant à des ajustements continus dans un contexte de turbulences[1].

---

[1] PAQUIN S., « La gouvernance à paliers multiples : un accent sur le cas de la Belgique », *in Département d'histoire et de science politique*, Université de Sherbrooke, 2006-2007, p.80.

À partir du XVIIIe siècle, l'expression gouvernance change de sens avec la naissance des démocraties contemporaines. La gouvernance n'est plus synonyme de gouvernement, mais renvoie plutôt à l'équilibre à trouver entre les pouvoirs royaux et ceux des parlementaires.

C'est bien parce que la gouvernance interroge le pouvoir et les relations entre les États et leurs sociétés que se dessine un espace de dialogue interculturel (notamment entre Anglophones et Francophones), porteur d'échanges, voire de convergences uniques sur le rôle de l'État et celui des sociétés dans l'institutionnalisation du pouvoir[2].

Il convient de considérer sous cette optique évolutive certaines acceptions de la « Gouvernance ».

1. Optique anglo-saxonne : « governance » et « corporate governance »

Pour nombre d'acteurs francophones, il paraît bien établi que la gouvernance est une notion anglo-saxonne (*governance*), venue du monde des entreprises (*corporate governance).* Cependant, le temps où la genèse de la gouvernance était systématiquement ramenée au secteur privé avec la *corporate governance* est dépassé.

---

[2] BELLINA S, MAGRO H. et VILLEMEUR V., « La gouvernance démocratique », disponible sur http:// www.institut-gouvernance.org, visité le 10 juillet 2012, p.1.

2. Gouvernance managériale et de développement

Le terme de gouvernance réapparaît dans la terminologie contemporaine par le biais de l'anglais, *governance*, dans le sens de *management.* Cette « bonne gouvernance » est présentée comme solution universelle permettant de générer la confiance nécessaire à la croissance économique. Formulé comme un ensemble de mesures techniques, s'il est approprié par les pays en développement, cet outil permet d'amorcer le développement économique.

Dans cette perspective, les caractéristiques attribuées à la « bonne gouvernance » sont celles de l'efficience (rigueur budgétaire, politiques axées sur le marché, réduction du champ d'intervention de l'État et privatisation) et de la démocratie (transparence, équité, justice, promotion de l'État de droit, droits civiques et socio-économiques et décentralisation). La lutte contre la corruption constitue un axe central de la « bonne gouvernance ».

Ainsi, la « bonne gouvernance » implique ici: l'État de droit ; la bonne administration; la responsabilité du gouvernement; la transparence; la participation des acteurs non gouvernementaux, notamment des entreprises privées et de la société civile.[3]

[3] BELLINA S, MAGRO H. et VILLEMEUR V., *op.cit,* p.3.

B. Discussions doctrinales sur la définition de la gouvernance

Devenue un paradigme incontournable des politiques de développement, la gouvernance demeure une notion aux définitions multiples et une notion inachevée.[4]

Les auteurs sont partagés quant au contenu qu'il faut donner au concept « gouvernance ». Le point de vue des uns et des autres tient à l'appartenance de chaque groupe à une école particulière.

1. Considérations d'ENJOLRAS B.

Pour cet auteur, définir la gouvernance comme l'ensemble des modalités institutionnelles régissant les interactions d'acteurs dont les activités contribuent à la réalisation d'objectifs relevant de l'intérêt général, permet de déterminer des régimes de gouvernance, c'est-à-dire des régimes institutionnels visant à la réalisation de l'intérêt général.

Il est d'avis qu'un régime de gouvernance peut dès lors se définir à partir de trois éléments constitutifs[5] :

- Les acteurs impliqués dans la réalisation d'objectifs d'intérêt général ainsi que leurs caractéristiques (objectifs, valeurs, ressources,

---

[4] BELLINA S, MAGRO H. et VILLEMEUR V., *op.cit,* p.3.

[5] ENJOLRAS B., « Norvège: une gouvernance fragmentée, du néo-corporatisme à la pluralité des réseaux », *in Institute for Social Research (ISR),* Oslo, 2006-2007, p.6.

formes institutionnelles, type d'incitations les motivant, légitimité) ;

- Les instruments de politique publique mis en œuvre afin d'atteindre les objectifs d'intérêt général et,

- Les modalités institutionnelles d'interaction au sein d'un réseau de politique publique.

Il relève en outre qu'en ce qui concerne les instruments de politique publique, il est possible de distinguer trois types d'instruments ayant chacun un objet spécifique pour les acteurs[6] :

- Instruments régulateurs visant à contraindre les acteurs à agir d'une manière déterminée (effet coercitif);
- Instruments incitatifs tendant à les motiver à agir dans une direction donnée (effet motivationnel);
- Instruments informatifs destinés à les convaincre d'agir d'une certaine façon (effet persuasif).

À partir de ces trois dimensions, il est possible d'élaborer une typologie des régimes de gouvernance qui distingue quatre régimes : les gouvernances publique, corporative, compétitive et partenariale.

---

[6] ENJOLRAS B., *op.cit*, p.6.

ENJOLRAS B.[7] soutient que la gouvernance publique n'implique que des acteurs publics, se fonde sur l'administration directe et la propriété publique et a recours à la technocratie pour l'élaboration des interventions publiques.

La gouvernance corporative suppose que la puissance publique donne un monopole de représentation et de mise en œuvre à une «organisation parapluie » représentative des intérêts organisés. Les interventions sont mises en œuvre par le recours à des instruments coercitifs, à des financements publics et à des formes de régulation non concurrentielle.

Avec la gouvernance compétitive qui se repose sur des mécanismes de marché, les autorités publiques interviennent afin de créer ou de réguler un marché par le jeu d'instruments incitatifs, tandis que la gouvernance partenariale met en œuvre des mécanismes de régulation de type politique (négociation, délibération) et utilise des instruments directs et coercitifs d'intervention.

2. Optiques de BELLINA S., MAGRO H. ET VILLEMEUR V.[8]

---

[7] ENJOLRAS B., *op.cit*, p.6.
[8] BELLINA S, MAGRO H. et VILLEMEUR V., *op.cit,* p. 4.

Ils soutiennent, pour leur part, que les dimensions normatives et prescriptives de la gouvernance sont rééquilibrées par une redécouverte de sa force analytique.

Cette gouvernance s'affirme comme une approche permettant de mieux comprendre l'exercice du pouvoir légitime dans une société donnée et donc l'élaboration par les sociétés elles-mêmes de leurs propres modalités de gouvernance, en fonction des défis auxquels elles doivent faire face et dans le cadre des accords internationaux.

En effet, la gouvernance apparaît comme une méthode d'analyse et de compréhension de l'exercice du pouvoir. Elle renvoie au processus décisionnel au sein de tous les groupements sociaux (l'État, l'entreprise, les collectivités, les associations, la cellule familiale, etc.) et à tous les niveaux (du local au mondial).

3. Réflexion de SAUQUET M. ET VIELAJUS M.[9]

Ces auteurs montrent que toute la richesse du concept de gouvernance réside dans son approche comme l'ensemble des processus qui permettent la mise en place de régulations économiques, sociales et politiques véritablement adaptées aux réalités des sociétés. Cette perspective conduit à dégager de référentiels normatifs et prescriptifs.

Intéressé aux mutations des pratiques de direction d'entreprises qui passent d'une configuration classique,

---

[9] BELLINA S, MAGRO H. et VILLEMEUR V., *op.cit,* p. 14.

centralisée et hiérarchisée à un modèle faisant appel aux notions d'efficience, d'éthique et de gouvernance, CORREA P. présente l'idéologie de la gouvernance, comme outil d'invention ou de réinvention des rapports internationaux dans les différents domaines que sont l'économie, la politique, la vie sociale, la culture, la technique.[10]

C. Théories de la gouvernance

La gouvernance est différemment perçue selon les contextes qui peuvent être celui de la vie internationale, celui des politiques publiques ou celui de la gestion financière.

1. La gouvernance d'entreprises

Dans le langage des gestionnaires, la gouvernance d'entreprise fait référence aux relations de pouvoirs entre le président-directeur général et le conseil d'administration.

C'est à cette conception de la gouvernance que font référence les gouvernements du Québec et du Canada lorsqu'ils parlent d'améliorer la gouvernance des sociétés d'État[11].

2. La gouvernance démocratique : vision du PNUD[12]

---

[10] CORREA P., « La gouvernance », *in revue de littérature française*, Paris, 2007, p. 5.

[11] PAQUIN S., *op.cit*, p.80.

[12] BELLINA S, MAGRO H. et VILLEMEUR V., *op.cit, p. 6.*

Pour le PNUD, la gouvernance de nature démocratique est fondée sur la participation de tous à l'élaboration des décisions qui les concernent, d'une part, et sur des États « réactifs » (capables de répondre efficacement aux demandes des citoyens) et responsables (redevables, transparents, etc.), d'autre part.

ANUPAMA DOKENIYA, COLUM GARRITY et SANJAY PRADHAN montrent que la nouvelle stratégie de promotion de la gouvernance et de lutte contre la corruption de la Banque mondiale insiste sur l'impact positif des institutions sur la croissance à long terme et sur la réduction de la pauvreté.

L'action de la Banque éloigne l'application de toute formule unique visant à renforcer, et non à substituer, les capacités locales, à concevoir les programmes-pays en fonction du contexte politique initial et en fonction des processus historiques à long terme qui déterminent les modalités et les limites de la réforme des institutions.

Il s'agit de renforcer la demande de gouvernance et de développer les réseaux et partenariats multi-acteurs fondés sur la responsabilité mutuelle et la transparence dans le suivi, afin d'améliorer la gouvernance et de favoriser un développement réel et la fourniture efficace de services.

Pour ces auteurs, un État, garant de l'intérêt général dans le cadre de politiques publiques nationales, assurant l'articulation des responsabilités entre les acteurs (nationaux/locaux et opérateurs privés), est le meilleur gage d'un partenariat public-privé fondé sur la confiance et garant, pour les populations, de la délivrance effective du service public et du développement humain durable.

3. Formes néo-juridiques de la gouvernance contemporaine de l'Etat[13]

Elle consiste, dans l'ordre de l'action publique, en un changement graduel d'équilibre entre les rationalités en valeurs et en finalité, au profit de la seconde à telle enseigne que dans l'ordre des rapports juridiques, cette mutation semble trouver une réponse dans un changement d'équilibre entre rationalité formelle et rationalité matérielle du droit, toujours au profit de cette dernière.

Les deux mouvements semblent se répondre l'un à l'autre. Ces nouvelles orientations de la gouvernance contemporaine de l'État s'accompagnent donc d'une mutation des formes traditionnelles du droit public et des conditions de mobilisation étatique du droit.

Selon cette vision, la nouvelle gouvernance juridique se caractérise par la mutation normative dont les sources sont diversifiées et visent la finalité, l'efficacité matérielle appropriée dans la mise en œuvre des réformes ; une sorte de déréglementation législative en faveur de nouvelles formes appelée nouvelle gouvernance selon les formes néo juridiques.

---

[13] NOREAU P., « Mutation de la gestion d'État et mutation du droit public ? Tendances et perspectives », *in Centre de recherche en droit public*, Université de Montréal, Montréal, 2007, p.3.

Après ce tour d'horizon sur les théories et les tentatives de définition du concept « Gouvernance », il convient de rechercher les principes et es objectifs de la gouvernance de la sécurité sociale.

I.1.2. Principes et objectifs de la gouvernance de sécurité sociale

A. Les principes de la gouvernance de sécurité sociale selon l'AISS

L'AISS associe à la gouvernance des institutions de la sécurité sociale cinq principes que sont la responsabilité, la transparence, la prévisibilité, la participation et le dynamisme. Elle démontre que le respect d'un principe donné facilite la pratique des autres, créant ainsi un environnement honnête propice à la bonne gouvernance.

La responsabilité est la possibilité de tenir pour légalement responsables les fonctionnaires qui ont la charge de l'institution. Elle implique l'établissement de normes et critères permettant à l'institution d'évaluer la réalisation de sa mission, et un système efficace de réparation qui protège les intérêts des parties prenantes et empêche toute mauvaise gestion et dérogation au mandat de l'institution. A ce titre, les administrateurs de la sécurité sociale sont responsables, en tant que dépositaires, et ont donc la responsabilité de gérer le programme de manière prudente, efficace et équitable.[14]

La transparence est la disponibilité et l'accessibilité à des informations précises, essentielles et au moment voulu pour veiller à ce que les parties prenantes soient bien informées de la situation réelle du programme de sécurité sociale et de la manière dont celui-ci est géré. Appliquée dans le processus de prise de décision, la transparence est le gage de l'honnêteté, l'intégrité et de la compétence, elle décourage la perpétration de méfaits car la clarté et la simplicité des règles, systèmes et processus aident à limiter la marge de manœuvre et le champ d'action de l'arbitraire dans l'administration du programme.

La prévisibilité se réfère à l'application cohérente de la loi, ainsi que des politiques, règles et règlements qui la complètent. Dans les programmes de sécurité sociale, les droits et obligations des membres et des bénéficiaires doivent être bien définis, protégés et catégoriquement respectés. Les surprises et les changements soudains des taux de cotisation, des droits aux prestations et autres caractéristiques du programme risquent de porter atteinte sérieusement à la crédibilité de celui-ci.

La participation se réfère à l'éducation et à l'engagement actif ainsi qu'à l'implication effective des parties

---

[14] AISS, *Lignes directrices de l'AISS en matière de bonne gouvernance à l'usage des Institutions de la sécurité sociale : un outil d'évaluation,* 2010, p.7.

prenantes pour assurer la protection de leurs intérêts. Une participation significative des parties prenantes dépend de leur accès à l'information au sujet de l'institution et de leur capacité à comprendre de telles informations et à agir en conséquence.

Le dynamisme défini comme l'élément qui permet un changement positif dans la gouvernance, se réfère au *changement* et à l'amélioration du *statu quo*, en faisant les choses de manière plus efficace et plus équitable, et en répondant aux besoins, en constante évolution, des membres et bénéficiaires du programme, créant ainsi de nouvelles valeurs alors que les quatre autres principes précédents peuvent être appliqués dans un contexte de maintien du *statu quo.*[15]

B. Autres principes résiduels

1. Externalisation et autonomisation des fonctions de contrôle et de surveillance du fait de la séparation de l'exécution du contrôle pour raison d'efficacité de celui-ci. La réforme des entreprises et établissements publiques doit consister à réduire la capacité d'intervention des autorités politiques et administratives et à accroître l'autonomie des dirigeants de ces institutions.

2. À certains égards, le droit n'est plus que le support formel et instrumentaire d'un nouveau cadre de gestion promu au rang de projet politique. Pour la figure de la loi,

---

[15] AISS, *op.cit,* p.8.

le programme d'allégement normatif et réglementaire a favorisé une logique d'évincement du droit au profit de solutions de rechange, avec comme toile de fond la logique des outils de gouvernance.

3. Pour le modèle du contrat, la logique de contractualisation qui alimente le partenariat et la coordination des acteurs facilite l'introduction de formules dérivées qui procèdent d'un conventionnalisme diffus. Les catégories traditionnelles du règlement et du contrat évoluent ainsi vers des formules hybrides dans la logique des mécanismes de substitution. »

4. Ils reprennent ainsi, d'une autre façon, l'image d'un droit défini en tant que système ouvert, perspective qui abonde dans le sens d'une redéfinition continue des formes de la normativité juridique.

C'est cependant Jacques Chevallier qui pousse le plus loin l'idée d'une mutation profonde du droit et de l'État contemporain en mettant en évidence le rôle de plus en plus important des opérateurs économiques, des organisations non gouvernementales et des réseaux transnationaux dans la régulation sociale.

C. Les objectifs de la gouvernance de sécurité sociale

Ces objectifs sont tirés de la vision plus ou moins concordante des auteurs à la base des théories précédentes. Ils consistent notamment à renforcer les capacités des gouvernants et des administrations, à faire participer les acteurs extérieurs, à créer les conditions de coopération entre acteurs et à promouvoir une série d'actions qu'il convient de considérer.

1. Renforcer les capacités des gouvernants et des administrations

Au cœur des politiques de gouvernance, il y a le renforcement des capacités locales et la définition des programmes de renforcement des capacités institutionnelles et humaines grâce à la mise en œuvre des principes favorisant l'adhésion et la participation de l'ensemble des acteurs aux politiques qui les concernent.

Les enjeux de la gouvernance se cristallisent autour des inégalités sociales qui accompagnent la croissance économique, provoquant un « véritable paradoxe économique et social ». C'est donc sur la cohésion et la régulation sociales que l'objectif du renforcement des capacités institutionnelles se focalise. Les outils d'appui doivent donc permettre les échanges, les liens et les interactions entre institutions et sociétés.

Cet objectif est celui retenu par BELLINA, MAGRO et VILLEMEUR[16] qui pensent qu'au fur et à mesure que les liens entre la « bonne gouvernance » et la lutte contre la pauvreté sont réaffirmés, la gouvernance de l'aide interrogée, le respect des principes communs à une gouvernance favorable au développement est censé empêcher les abus dans l'exercice de la puissance

[16]BELLINA S, MAGRO H. et VILLEMEUR V., *op.cit,* p. 7.

publique, limiter l'arbitraire des autorités publiques et créer les conditions stables et favorables au développement économique et au bien-être des citoyens.

2. Faire participer les acteurs extérieurs

L'intervention d'acteurs extérieurs à la sphère gouvernementale est indispensable à une gouvernance qui se caractériserait par l'absence de rigidité des frontières sur l'action sociale et économique tout en favorisant l'interdépendance entre instances formelles et acteurs associés à l'action collective avec l'intervention des réseaux d'acteurs autonomes, tel est l'objectif qu'assigne GERRY STOKER à la gouvernance.[17]

3. Créer les conditions de coopération entre acteurs

Il s'agit ici de la coopération entre acteurs étatiques et acteurs privés pour arriver à la décentralisation des décisions et interactions multipolaires en adoptant de règles de jeu négociées collectivement.

Ce sont là autant d'exigences qui valorisent la participation, la concertation, et la prise en compte d'acteurs divers dans la gestion des affaires collectives.

4. Promouvoir une série d'actions

Pour le Nouveau Centre[18], les objectifs d'une Gouvernance sociale de la mondialisation sont assimilables à ceux définis par l'OIT dans la Déclaration

---

[17]CORREA P., *op.cit*, p. 6.

[18] LE NOUVEAU CENTRE, *L'UDF d'aujourd'hui*, *Justice sociale et mondialisation,* éd. Nouveau Centre, Paris, 2007, pp.1-2.

du 10 juin 2008 sur « la justice mondiale pour une mondialisation équitable » à savoir :

- promouvoir l'emploi en créant un environnement institutionnel et économique durable ;
- prendre et renforcer des mesures de protection sociale – sécurité sociale et protection des travailleurs – durables et adaptées aux circonstances nationales ;
- promouvoir le dialogue social et le tripartisme;
- respecter, promouvoir et mettre en œuvre les principes et droits fondamentaux au travail.

Pour besoin d'information, le modèle social européen de gouvernance repose sur quatre caractéristiques majeures suivantes[19] :

- la protection des salariés dans l'emploi, garantie par un droit du travail qui impose des règles en matière de rupture du contrat de travail, de temps de travail et de santé / sécurité sur le lieu de travail ;
- un haut niveau de protection contre les principaux risques sociaux (maladie, vieillesse, chômage, pauvreté) ;
- l'implication active des représentants syndicaux et patronaux dans la régulation des

[19]LE NOUVEAU CENTRE, *op.cit*, p.3

conditions de travail et d'emploi, à travers la négociation collective aux différents niveaux (national, branche, entreprise) et la participation à la gestion des régimes d'assurance sociale ;

- la promotion de l'égalité entre les femmes et les hommes sur le marché du travail.

De ces essais de définitions, objectifs, principes et théories de la gouvernance, l'étude relève et capitalise, de ce concept, les éléments d'identité les plus forts que sont :

- la multiplicité des acteurs intervenants dans l'action publique,
- la négociation/dialogue et interactions entre les acteurs impliqués dans la vie collective,
- l'importance de la participation de la société civile c'est-à-dire la consultation et la participation des citoyens dans l'élaboration des politiques publiques.

La gouvernance normative doit donc être entendue comme un système social qui se réfère aux structures et processus collectifs, formels et informels, lesquels déterminent, la manière dont les décisions sont prises et les normes ou institutions élaborées quant à la mise en œuvre administrative et managériale des régimes de sécurité sociale au plus grand avantage des acteurs et de manière à résoudre les conflits qui peuvent les opposer.

Elle est caractérisée par le dynamisme, la participation (des acteurs non gouvernementaux, notamment des patronats et des syndicats des travailleurs), la prévisibilité, la responsabilité (du pouvoir public) et la transparence.

Elle apparaît donc comme une méthode d'analyse et de compréhension de l'exercice du pouvoir normatif qui renvoie au processus décisionnel au sein de tous les groupements sociaux (tripartite), faisant de l'Etat, garant de l'intérêt général dans le cadre de politiques de la sécurité sociale en faveur d'un partenariat public-privé fondé sur la confiance.

I.2. NOTION DE LA SECURITE SOCIALE

De la notion de la sécurité sociale déteignent ses composantes et son importance, matières dont la fixation paraît judicieuse à l'appréhension de l'intérêt d'un bilan conséquent de gouvernance normative.

I.2.1. Définition

Pour définir la sécurité sociale, il convient de tenir compte des notions voisines pour lesquelles la tentation est grande de croire à une synonymie. Cette question qui a fait l'objet de grandes mutations, retient l'attention de doctrinaires.

A. Définitions doctrinales

Les notions de *sécurité sociale* et de *protection sociale* ont évolué au fil du temps et sont utilisées de diverses façons dans le monde entier. Etant donné la pluralité de leurs acceptions aujourd'hui, il est très difficile d'en proposer une définition parfaitement claire, d'autant que leur emploi diffère d'un pays ou d'une organisation internationale à l'autre[20].

L'expression même de sécurité sociale se révèle néanmoins beaucoup trop vague pour fournir a priori tous éclaircissements sur sa signification.

La manière dont l'expression « sécurité sociale » est utilisée renvoie presque toujours aux deux concepts, ceux de politiques et de systèmes de sécurité sociale.

Mais de même que les notions de protection sociale et de sécurité sociale ne se recouvrent pas forcément, de même ces deux concepts ne sont en rien synonymes; avec celui de politiques de sécurité sociale, on se place sur le plan des fins alors que celui de système de sécurité sociale évoque un certain aménagement des moyens[21].

Cette notion peut également être définie sous trois aspects distincts :

---

[20] CIT, *Sécurité sociale pour la justice sociale et une mondialisation équitable*, rapport VI, 100è session, BIT, Genève, 2011, p. 8.

[21] DUPEYROUX J.J., BORGETTO M. et LAFORE R., *op.cit,* p.6.

1. Aspect conceptuel

La sécurité sociale relève de l'idée d'une garantie collective des individus appartenant à un même groupe socioprofessionnel, à une même classe, à une même communauté contre les risques sociaux de leur existence.

2. Aspect institutionnel

La sécurité sociale participe à un système autonome ou étatique de garantie collective, fondé sur la solidarité organisée entre les individus appartenant à une communauté humaine déterminée.

Sous ce rapport, chaque pays conçoit et expérimente ses formes de protection selon un héritage propre constitué des valeurs et représentations collectives spécifiques, des constructions politiques existantes, des cadres dominants de la vie économique ainsi que des formes de sociabilité établies.

3. Aspect fonctionnel

Il est celui de l'OIT qui définit la sécurité sociale comme étant la protection que la société accorde à ses membres, grâce à une série de mesures publiques, contre le dénuement économique et social où pourraient les plonger, en raison de la disparition ou de la réduction sensible de leur gain, la maladie, la maternité, les accidents du travail et les maladies professionnelles, le chômage, l'invalidité, la vieillesse et le décès ; à cela s'ajoutent la fourniture de soins médicaux et l'octroi de prestations aux familles avec enfants.[22]

B. La sécurité sociale selon l'étude

La présente étude s'appuie sur la définition fonctionnelle de la sécurité sociale et partage la vision de LAROQUE P., père fondateur de la sécurité sociale française, pour qui « la sécurité sociale est la garantie donnée à chacun qu'en toutes circonstances, il disposera des moyens nécessaires pour assurer sa subsistance et celle de sa famille dans des conditions décentes.

C'est donc une façon de garantir, en d'autres termes, la sécurité du niveau de vie avec pour principe que chacun conserverait en toutes circonstances le niveau de vie qu'il a pu atteindre par son effort au sommet de sa carrière. »[23]

La définition retenue pour l'étude est encore mieux corroborée par celle découlant de la synergie entre les instruments internationaux traitant des droits de l'homme, les documents constitutifs de l'OIT puis les conventions et recommandations de sécurité sociale qu'elle a adoptées.

Selon cette synergie notionnelle, la sécurité sociale représente « *les mesures publiques visant à assurer une*

---

[22] OIT, *op.cit*, p.174.

[23] VASSIRIKI TOURE, *Les régimes de Prévoyance dans les pays de FANAF, état des lieux et perspectives*, symposium 23ème Assemblée Générale Annuelle « FANAF », CIPRES, Lomé 16 février 1999.

garantie de revenu de base à tous ceux ayant besoin de protection, de manière à soulager le besoin et prévenir l'indigence en rétablissant jusqu'à un certain niveau le revenu qui est perdu ou réduit en raison de l'incapacité à travailler ou d'obtenir un travail rémunérateur du fait de la survenue de différents risques: soins de santé, maladie, chômage, vieillesse, accidents du travail, responsabilités familiales, maternité, invalidité ou décès du soutien de famille. »[24]

La sécurité sociale étant définie, il est judicieux de considérer les notions qui lui sont connexes, ses composantes et son importance pour mieux cerner l'opportunité pour le législateur d'intervenir dans l'élaboration des normes devant régir les matières qui requièrent urgence.

I.2.2. Sécurité sociale et notions voisines

A. Aide, protection et sécurité sociales

La protection sociale et la sécurité sociale constituent la double dimension du droit de la sécurité sociale. Malheureusement, ces deux expressions sont souvent utilisées de manière interchangeable.

1. En effet, la « protection sociale » est une notion générique qui fait référence au droit de la sécurité sociale considéré comme phénomène universel ; alors que celle de

[24] BIT-DSS, *op.cit,* p.3.

la sécurité sociale est une application nationale structurée du droit correspondant en un système spécifique.

Il convient de noter que le BIT utilise le titre officiel «Secteur de la protection sociale» pour désigner un éventail de programmes qui dépasse le champ de la seule sécurité sociale, dans la mesure où il traite de questions comme la sécurité au travail, les migrations de main-d'œuvre et d'autres aspects des conditions de travail comme la durée du travail, les salaires, etc.[25]

La protection sociale s'organise alors dans des montages différenciés, privilégiant ici plutôt le niveau de l'entreprise et/ou des solidarités civiles, se calant là davantage sur l'action publique, mixant ailleurs en des compositions originales les initiatives émanant des dispositifs de sociabilité privée et celles impulsées par le pouvoir politique.[26]

De la protection sociale au « droit de la sécurité sociale », il y a une double dimension sociale inscrite dans des expériences historiques relativement homogènes, liée à des nécessités politiques et économiques identiques et répondant à des aspirations partagées qui tendent à l'universel lorsqu'elle se constitue en droits de l'homme.

La «protection sociale» revêt souvent un sens plus large que la «sécurité sociale».[27]

---

[25] CIT, *op.cit,* p. 10.
26 DUPEYROUX J.J., BORGETTO M. et LAFORE R., *op.cit*, p.2.
[27] CIT, *op.cit*, p. 9.

Elle englobe notamment la protection mutuelle des membres d'une famille ou d'une collectivité. Elle est également utilisée dans certains contextes dans un sens plus étroit pour désigner uniquement les dispositifs destinés aux membres les plus pauvres ou les plus vulnérables ou aux exclus de la société.

En définitif, la «protection sociale» désigne la protection offerte par les systèmes de sécurité sociale contre certains risques et besoins sociaux.

2. La notion de sécurité sociale ici retenue couvre l'ensemble des dispositifs de prestations, en espèces ou en nature, visant à garantir une protection contre, notamment:

- l'absence de revenu tiré du travail ou son insuffisance, imputable à l'un des facteurs suivants: maladie, invalidité, maternité, accident du travail et maladie professionnelle, chômage, vieillesse, décès d'un membre de la famille;
- le manque d'accès ou l'accès inabordable aux soins de santé;
- l'insuffisance du soutien familial, en particulier pour les enfants et les adultes à charge;
- la pauvreté et l'exclusion sociale en général.

Les régimes de sécurité sociale peuvent être contributifs (assurance sociale) ou non contributifs.

3. L'aide sociale désigne généralement les prestations sociales dont l'octroi est subordonné au niveau de revenu

du bénéficiaire et qui sont donc soumises à des conditions de ressources ou autres (ciblage géographique). Ces prestations visent généralement à atténuer ou à réduire la pauvreté. Elles peuvent être fournies en nature ou en espèces.[28]
Les dispositifs d'aide sociale soumis à conditions imposent aux bénéficiaires (et/ou aux membres de leurs familles), notamment, de participer à des programmes publics déterminés (en matière de santé ou d'éducation).

L'aide sociale est généralement financée par l'impôt, et l'ouverture des droits aux prestations n'est pas subordonnée à une contribution directe du bénéficiaire ou de son employeur.

B. Politique et systèmes de sécurité sociale

Etant donné que les notions de la « protection sociale » et de la « sécurité sociale » peuvent sans aucun doute être assimilées dans la mesure où elles renvoient, par delà les applications très diverses auxquelles elles peuvent donner lieu, à des finalités similaires, savoir, assurer une sécurité matérielle individuelle en même temps qu'une intégration collective plus ou moins forte, il sied de préciser la nature des rapports existant entre « protection sociale » et « sécurité sociale »[29] laquelle

[28] CIT, *op.cit*, p 9.
[29] L'expression « sécurité sociale » aurait été employée pour la première fois par Simon Bolivar « le système de gouvernement le plus parfait est celui qui engendre la plus grande somme de bien-être, la

nature permet ainsi de distinguer clairement les politiques de sécurité sociale des systèmes de sécurité sociale.

Le concept « politiques de sécurité sociale » fait strictement référence aux fins auxquelles les applications donnent lieu alors que le concept « systèmes de sécurité sociale » évoque un certain aménagement des moyens qui diffère selon les pays.[30]

En République Démocratique du Congo, la « sécurité sociale » n'est qu'une composante largement dominante du système global de protection sociale comprenant l'aide sociale et l'action sociale constituant en l'occurrence l'un de ses compléments indispensables.

C. Importance de la sécurité sociale

La sécurité sociale apparaît comme l'une des principales institutions qui contribuent au progrès social et économique d'un pays. Son importance se traduit sur le plans social, économique et au niveau de l'entreprise utilisatrice de la main d'œuvre.

1. Sur le plan social: le bien être des travailleurs

Sur le plan social, la sécurité sociale est appelée à remplir les trois fonctions essentielles, en l'occurrence :

---

plus grande somme de sécurité sociale et la plus grande somme de sécurité politique ».

30 DUPEYROUX J.J., BORGETTO M. et LAFORE R., *op.cit*, p.5.

- Concourir à la conservation, à l'amélioration et au rétablissement de la santé des individus et de leur capacité de travail ;
- Garantir un minimum de moyens d'existence par le biais de prestations de substitution en cas de perte de revenu dans des éventualités bien déterminées et de prestations compensatoires pour faire face aux dépenses entraînées par l'entretien des enfants;
- favoriser le développement social et économique en luttant contre la misère et la pauvreté grâce aux prestations sociales qu'elle est appelée à octroyer aux individus et aux membres de leur famille.

Elle a comme objet fondamental d'apporter aux personnes protégées l'assurance que leur niveau de vie et la qualité de leur vie ne seront pas, pour autant que cela soit possible, gravement entamés par une éventualité sociale ou économique quelle qu'elle soit.

La sécurité sociale est un droit fondamental de l'être humain et un instrument essentiel de cohésion sociale, qui par là même concourt à la paix et à l'insertion sociales. Composante indispensable de la politique sociale, elle joue un rôle capital dans la prévention et la lutte contre la pauvreté. En favorisant la solidarité nationale et le partage équitable des charges, la sécurité sociale peut contribuer à la dignité humaine, à l'équité et à la justice sociale. Elle est importante également pour l'intégration, la participation des citoyens et le développement de la démocratie[31].

2. Sur le plan économique

Sur le plan économique, elle provoque l'accroissement de la productivité, l'adaptation des travailleurs à leur milieu de travail et leur stabilisation.

Par ailleurs, en tant qu'instrument complémentaire de financement des investissements grâce aux réserves accumulées, elle contribue au développement économique et social. Associée à une économie en expansion et à des politiques actives du marché du travail, la sécurité sociale est un instrument de développement économique et social durable. Elle facilite les changements structurels et technologiques qui exigent une main-d'œuvre adaptable et mobile.[32]

3. Au niveau de l'entreprise

La sécurité sociale constitue un levier de la politique des ressources humaines en agissant sur les facteurs humains du développement : amélioration de la capacité physique du travailleur, accroissement de la productivité, adaptation des travailleurs à leur milieu de travail et leur stabilisation. Elle constitue la réponse à une aspiration à la sécurité dans son acception la plus large.

---

[31] OIT, *op.cit*, p.176.
[32] *Ibidem.*

I.3. Régime général de la sécurité sociale.

Le régime général est un régime institué par le décret-loi du 29 juin 1961 organique de la sécurité sociale en tant que l'un des éléments de la structure générale du système de sécurité sociale qui comprend en sus les régimes spéciaux et les régimes complémentaires.

Il a notamment pour composantes essentielles les personnes protégées, les éventualités couvertes c'est-à-dire les branches assurées, le financement et l'administration du régime.

I.3.1. Organisation du régime général[33]

A. Champs d'application personnel

1. Les personnes principalement protégées

La règlementation en vigueur en RDC protège principalement les personnes ci-après :

- les travailleurs salariés soumis aux dispositions du code du travail ainsi que les bateliers, sans aucune distinction de race, de nationalité, de sexe ou d'origine, lorsqu'ils sont occupés en ordre principal sur le territoire

[33] Article 2 Décret-loi du 29 juin 1961 organique de la sécurité sociale tel que complété et modifié par le Décret N°09/53 du 03 Décembre 2009 fixant les Statuts d'un Etablissement public dénommé Institut National de Sécurité Sociale en sigle « I.N.S.S. », *in Journal Officiel,* numéro spécial du 10 décembre 2009.

national pour le compte d'un ou de plusieurs employeurs ;

- les marins immatriculés au Congo, engagés à bord de navires battant pavillon congolais;
- les salariés de l'Etat et d'autres entités administratives décentralisées ne bénéficiant pas d'un régime particulier de sécurité sociale ;
- les élèves des écoles professionnelles ou artisanales, les stagiaires et les apprentis même non rémunérés ainsi que les personnes placées dans un établissement de garde et d'éducation de l'Etat, uniquement en ce qui concerne la branche des risques professionnels.

2. Les ayants droit des protégés principaux

Il s'agit du conjoint et des enfants célibataires à charge de l'assuré social. Par enfants à charge, il faut entendre :

- les enfants nés dans et hors mariage ; - les enfants adoptés ; - les enfants dont l'assuré social a la tutelle où la paternité juridique ; - les enfants pour lesquels il est débiteur d'aliments conformément aux dispositions du Code de la Famille.

B. Champs d'application matériel et organisationnel

1. Les matières couvertes

Le régime général couvre le service des prestations en cas d'accident du travail et de maladies professionnelles (branche des risques professionnels), d'invalidité, de vieillesse et de décès (branche des pensions) ainsi que de charges de famille (branche des allocations familiales).

L'analyse qui va être faite de ces matières par rapport à l'évolution normative dans un contexte de la mondialisation va pouvoir ouvrir les débats sur l'appréciation de la gouvernance congolaise de sécurité sociale dans sa lutte contre la pauvreté.

2. Administration du régime général

La gestion du régime général est confiée à un organisme unique, l'Institut National de Sécurité Sociale (INSS), Etablissement public à caractère social et technique qui résulte de la fusion des anciens organismes qui avaient géré la sécurité sociale des travailleurs avant l'accession du pays à l'indépendance, en l'occurrence la Caisse des pensions des travailleurs, le Fonds des invalidités de travailleurs et la Caisse Centrale de compensation pour allocations familiales.

3. Financement du régime général[34]

Le financement du régime général est assuré pour la plus grande partie par les cotisations des travailleurs et des employeurs. Il l'est à titre subsidiaire par les majorations encourues pour cause de retard dans le payement des cotisations et les intérêts moratoires, le produit des placements de fonds, les dons et legs ainsi que par toutes autres ressources attribuées à l'INSS par un texte législatif ou réglementaire.

Celles-ci comprennent notamment les avances et subventions que l'INSS devrait recevoir de l'Etat et des collectivités publiques.

Au regard de la vocation nationale de l'INSS, la présente étude couvre toute l'étendue de la RDC où s'applique la législation sur la sécurité sociale.

---

[34] Article 12.1° Décret-loi du 29 juin 1961 organique de la sécurité sociale *déjà cité.*

CHAPITRE DEUX : ANALYSE DE LA GOUVERNANCE NORMATIVE DU REGIME GENERAL DE LA SECURITE SOCIALE EN RDC : DE LA CHARTE COLONIALE A 2013.

L'analyse de ce chapitre sera effectuée en considération de trois grandes périodes, la première est celle qui va de la charte coloniale du 18 octobre 1908 à la veille de l'indépendance **(II.1)**, la deuxième concerne l'intervalle compris entre la date l'indépendance et le 31 décembre 2006 **(II.2)** et la dernière est celle qui part du 1er janvier 2007 au 31 décembre 2013 **(II.3)**.

Cette démarche répond au souci de mettre en évidence les branches et matières sous-règlementées pendant les périodes précédant celle de l'étude, domaines qui devraient retenir l'attention particulière du législateur dont le comportement permet d'apprécier sa gouvernance pendant ce laps de temps.

II.1. De la Charte coloniale du 18 octobre 1908 au 29 juin 1960.

La charte coloniale qui a régi le Congo belge, relève de la loi belge du 18 octobre 1908 sur le Gouvernement du Congo belge, élaborée par le Parlement belge, sanctionnée et promulguée par le Roi des Belges puis entrée en vigueur le 15 novembre 1908, en vertu de l'article 1er alinéa 4 de la

Constitution belge qui prévoyait que les protectorats de la Belgique seraient régis par des lois particulières.[35]

L'examen de l'interventionnisme étatique en matière de la sécurité sociale pendant cette longue période de 52 ans est effectué au regard des branches réglementées.

Sous la Charte coloniale, l'étude relève 37 interventions confondues des pouvoirs publics en termes législatifs ou réglementaires en matière de sécurité sociale en générale et qu'il convient de spécifier selon les branches dans le développement qui suit.

II.1.1. Branche des risques professionnels : accidents du travail et maladies professionnelles.

Les textes ayant régi les risques professionnels durant la charte coloniale sont ici présentés au regard de leur hiérarchie dans l'ordonnancement juridique de l'époque et en tenant compte de l'ordre chronologique.

A. Texte international

Il y a ***la convention n° 19 du 5 juin 1925*** concernant l'égalité de traitement des travailleurs étrangers et nationaux en matière de réparation des accidents du travail approuvée par la loi du 23 juillet 1927.[36]

---

[35] MUKADI BONYI et al, *Cinquante ans de législation post coloniale au Congo-Zaïre : Quel bilan* ? CRDS, Bruxelles, 2010, pp.31-32
[36] *In Codes Larcier,* T. IV., éd. Larciers, Bruxelles, 2010, p.225.

B. Les textes internes

1. Textes législatifs et actes ayant force de loi

- ***le décret du 16 mars 1922*** portant sur le contrat de travail, lequel fut la première législation sociale du Congo-Belge et qui était fondée sur le critère racial instaurant deux types de régimes de sécurité sociale, celui de la protection sociale des employés pour les personnes non originaires du Congo ou des colonies voisines et celui de la protection sociale des travailleurs originaires du Congo ou desdites colonies.

Ces deux régimes couvraient chacun la réparation des accidents du travail et des maladies professionnelles, l'assurance-vieillesse-survivants, l'assurance-invalidité et les allocations familiales.

- ***L'Ordonnance législative du 5 juin 1944*** relative à l'assurance contre la maladie ou l'invalidité des employés coloniaux, modifiée successivement par les **décrets des 25 octobre 1945, 25 février 1946, 31 décembre 1946, 19 mai 1948 et 07 août 1952.**

Ces textes ont organisé le remboursement des frais de soins de santé aux employés reconnus inaptes dans la mesure où ils étaient jugés indispensables; l'octroi des allocations complémentaires pour veuves et orphelins en état de besoin résidant au Congo, au Rwanda-Urundi ou en Belgique et jouissant d'une rente de veuve ou d'une allocation d'orphelins, en application de la législation sur les pensions ainsi que l'octroi d'office des allocations aux enfants âgés de moins de 18 ans ou à ceux de 21 ans s'ils poursuivaient des études.[37]

Après vient le ***décret du 20 décembre 1945*** relatif à la réparation des accidents du travail survenus aux non-indigènes, pris en application de la recommandation n° 74 du BIT et qui prévoyait le régime d'assurance obligatoire. Ce décret imposait à partir du 1er janvier 1947, à tout employeur de s'assurer contre le risque professionnel auprès du Fonds colonial des invalidités.

Avant cette date, les employeurs souscrivaient des contrats de responsabilité civile patronale dont la garantie ne jouait le plus souvent que dans le cas où le chef d'entreprise pouvait être reconnu civilement responsable de l'accident. Certains garantissaient aux membres de leur personnel une indemnisation généralement limitée à un multiple de l'appointement annuel de la victime, en cas de décès ou en cas d'incapacité permanente totale, tant pour les accidents de la vie professionnelle que pour ceux de la vie privée.[38]

Ce décret du 20 décembre 1945 s'appliquait à tous les non-indigènes engagés dans un contrat de louage de services ainsi qu'aux personnes assimilées, c'est-à-dire les apprentis et stagiaires, même non salariés et les membres du personnel de la Colonie nommés à titre provisoire ou engagés hors cadre.

---

[37]MUKADI BONYI et al, *op.cit*, p.494.
[38]*Idem*, pp.492-493.

Il couvrait tout accident survenu dans le cours et par le fait de l'exécution d'un contrat de louage de services, d'apprentissage ou de stage, toute maladie causée par l'exécution d'un tel contrat, ainsi que tout accident survenu sur le chemin du travail.

Les réparations prévues par ce décret du 20 décembre 1945 étaient constituées par les soins médicaux ainsi que les indemnités en cas d'incapacité de travail ou de décès.

La discrimination instaurée par cette réglementation qui établissait la différence entre des maladies des indigènes et celles de non indigènes portait atteinte au droit à la santé et à la sécurité au travail, droit qui est au demeurant un des droits humains qui ne peut donner lieu à aucune discrimination de réglementation ni du régime juridique le régissant.

L'on enregistre également au cours de la même période :

- ***le Décret du 1er août 1949*** sur les accidents du travail et maladies professionnelles survenus aux travailleurs indigènes. Ce décret entré en vigueur le 1er juillet 1950, avait rendu obligatoire l'assurance contre ces risques. Il s'appliquait à tous les travailleurs indigènes engagés dans les liens d'un contrat de travail, d'apprentissage ou d'engagement fluvial ainsi qu'aux stagiaires rémunérés ou non.

Le régime instauré par ce décret ne couvrait que les accidents du travail, c'est-à-dire, ceux produits dans le cours et par le fait de l'exécution d'un contrat de travail, d'apprentissage, d'engagement fluvial ou de stage ainsi que les maladies causées par le fait de l'exécution d'un tel contrat. Les bénéficiaires du décret avaient droit aux indemnités et soins médicaux en cas de survenance du risque.[39]

- ***Le Décret du 19 février 1957*** organisant un régime d'allocations des invalidités en faveur des travailleurs qui devaient interrompre leur activité professionnelle en raison de leur état de santé.

L'invalidité couverte par ce décret s'entendait de celle résultant d'une maladie contractée ou d'un accident survenu au cours d'une période de services, sans qu'il soit nécessaire d'établir l'existence d'une relation de cause à effet entre l'invalidité et l'exercice de la profession, la maladie pouvant être contractée et l'accident survenu en dehors des prestations accomplies au service de l'employeur.

Les bénéficiaires d'allocations d'invalidité devaient être atteints d'une invalidité permanente ou présumée permanente à 60 %; avoir accompli six ans de services au Congo belge ou douze ans pour les anciens travailleurs; résider au Congo Belge ou au Rwanda-Urundi; ne pas être soumis à l'impôt sur les revenus professionnels.[40]

---

[39] MUKADI BONYI et al, *op.cit*, p. 498.
[40] *Idem*, p. 501.

- ***Le Décret du 28 mars 1957*** relatif aux maladies professionnelles des non-indigènes.
- ***La Loi belge du 16 juin 1960 dite « loi de Garantie »*** par laquelle la Belgique s'engageait à servir aux régimes des « employés » les prestations relatives aux périodes antérieures au 1er juillet 1960 ainsi que leur versement en francs belges, et en cas de besoin, leur ajustement aux fluctuations du coût de la vie. Les organismes chargés de ces régimes reçurent, à cet effet, le statut d'établissement public de droit belge placé sous la garantie de l'Etat.

Ce dernier texte emporte le souci de ce législateur de préserver le pouvoir d'achat des prestataires sociaux à travers les mécanismes d'ajustement aux fluctuations du coût de la vie.

Il y a aussi lieu de noter, au cours de cette longue période, un important interventionnisme réglementaire qu'il convient d'analyser.

2. Textes réglementaires internes

En exécution de l'article 2 du Décret du 20 décembre 1945 sur la réparation des dommages résultant des maladies professionnelles, a été pris **l'Arrêté Régent du 21/12/1946** qui énumère les affections d'origine professionnelle donnant lieu à réparation.

Sans identifier de manière précise les maladies proprement dites, ce texte se limite à énoncer les facteurs susceptibles d'être à la base des affections, laissant ainsi le champ très ouvert à l'appréciation qualificative des médecins de pouvoir déterminer les affections précises dues à tel ou tel autre agent chimique, en termes d'intoxication.

Vient ensuite, ***l'Ordonnance n° 149 du 16 mai 1947*** relative à la liste des industries, professions, travaux ou opérations dans lesquels les maladies professionnelles donnent lieu à réparation, prise en application du Décret du 20 décembre 1945 relatif aux non indigènes. Elle détermine les catégories d'employés ou travailleurs assimilés, exposés à contracter une maladie professionnelle donnant droit à réparation.

Aux termes de l'article 1er de cette ordonnance, les affections figurant à l'arrêté du Régent du 21 décembre 1946, établissant la liste de neuf maladies professionnelles ayant évolué à 16 en 1947, donnent lieu à réparation conformément aux dispositions du décret du 20 décembre 1945, organisant l'assurance en cas de maladie professionnelle. Cela n'était possible que pour autant que ces affections aient été contractées dans les industries, professions, travaux ou opérations énumérés dans l'annexe à cette ordonnance, par une personne comprise dans l'une des catégories d'employés ou de travailleurs assimilés mentionnées au même tableau.[41]

Il convient de relever ici que cette ordonnance n° 149/Trav. du 16 mai 1947 a été modifiée ***par l'Ordonnance n° 23/205 du 23 juin 1949***, relative à la réparation du dommage résultant des maladies professionnelles survenues aux non-indigènes.

---

[41] LOKO MANTUONO, *op. cit.*, p. 55

Cette modification avait d'abord porté sur le libellé devenu « Liste déterminant les industries, professions, travaux ou opérations dans lesquels les maladies professionnelles donnent lieu à réparation » ; et elle a consisté par la suite à remplacer l'expression « Tous les employés et travailleurs assimilés » par « Tous les employés et personnes assimilées qui en raison de leur participation directe ou indirecte au travail sont soumis au risque de maladies professionnelles ».[42]

Deux arrêtés régents ont dû intervenir par la suite dans la branche des risques professionnels.

Il s'agit de :

- ***L'Arrêté Régent du 16/11/1949 relatif aux maladies professionnelles donnant lieu à réparation.***[43]

En sus des intoxications présentées en termes génériques, cet arrêté pris en exécution de l'article 3 du Décret du 1er août 1949 est caractérisé par l'intégration de nouvelles maladies que sont les intoxications provoquées par l'hydrocarbure de la série grasse, les dermatoses aigues causées par le bois de Kambala et l'ulcération des téguments provoquée par l'acide chromique.

Il y a lieu de mentionner qu'en vertu de l'article 3 de l'arrêté régent du 16 novembre 1949, le Gouverneur général a pris ***l'Ordonnance n°23/157 du 12 mai 1950*** relative à la liste des industries, professions, travaux ou

---

[42] CONGO-BELGE, *Bulletin des arrêts,* n° 13 du 10 juillet 1949, pp. 1133-1134.

[43] STROUVENS L. et PIRON P., *Codes et Lois du Congo Belge*, 6è édition des codes Louwers, Léopoldville, 1954, p. 1014.

opérations dans lesquels les maladies professionnelles donnent lieu à réparation.

Cet arrêté prévoyait les affections d'origine professionnelle donnant lieu à réparation.[44]

- Le second texte ayant intervenu sur cette branche est ***l'Arrêté Régent du 04/06/1951* relatif à la liste des affections *modifiant l'A.R. du 16/11/1949.***

Par cette modification, il y a eu une évolution numérique des maladies par rapport en 1946, lesquelles sont passées de 12 à 13 de 1949 à 1951 avec une nouvelle qu'est l'intoxication provoquée par l'acide cyanhydrique.

Après les arrêtés régents, trois autres textes réglementaires ont régi quelques aspects de la matière. C'est ici que l'étude relève :

- **l'Ordonnance n° 23/206 du 20 juillet 1951** exécutant le Décret du 20 décembre 1945 et modifiant l'annexe de l'ordonnance n° 149/Trav. Du 16 mai 1947.[45]

- **l'Ordonnance n° 23/207 du 20 juillet 1951** prise en exécution du Décret du 1er août 1949 relatif aux maladies professionnelles survenues aux travailleurs indigènes, assorties de la liste des industries, professions, travaux ou opérations dans lesquels les maladies professionnelles

[44] LOKO MANTUONO, *op. cit.*, p. 57.
[45] *Bulletin des arrêts,* du CONGO-BELGE, n° 13, 10 juillet 1951, pp 1545-1546.

donnent lieu à réparation et modifiant l'annexe de l'ordonnance n° 23/157 du 12 mai 1950.[46]

Ces deux derniers textes prévoyaient à titre de maladie professionnelle l'intoxication par l'acide cyanhydrique, les cyanures et leurs dérivés, maladies retenues dans le secteur textile pour l'impression de tissus, cependant non retenues dans la liste de 1966 actuellement en vigueur alors que la RDC a longtemps développé l'industrie textile.[47]

- ***L'Ordonnance n° 43-31 du 10 février 1956*** relative aux déclarations d'accidents graves survenus dans les mines, usines métallurgiques, carrières, cimenteries et fours à chaux, ainsi que dans leurs dépendances directes.
- ***L'Ordonnance n° 23-60 du 14 février 1952*** relative au contrôle médical de la silicose.

Il ressort de ce qui précède que l'interventionnisme normatif du pouvoir colonial s'est caractérisé par **23 productions dans la branche des risques** professionnels comprenant 1 convention internationale, 12 textes légaux ou actes équipollents et 10 textes réglementaires.

Mis à part les risques professionnels, l'interventionnisme étatique s'est exercé également dans la branche des prestations de famille qu'est celle des allocations familiales qu'il convient d'apprécier.

---

[46] *Bulletin des arrêts,* du CONGO-BELGE, n° 13, 10 juillet 1951, pp 1547-1548.

[47] LOKO MANTUONO, *op. cit.,* p. 61.

II.1.2. Branche : allocations familiales

La première réglementation qui intervient en la matière pendant cette période se rapporte au ***décret du 30 mars 1948*** portant régime des allocations familiales pour les employés non-indigènes, plusieurs fois modifié avant d'être remplacé par le ***décret du 8 décembre 1954*** ayant le même objet. Cependant, avant le 30 mars 1948, certaines entreprises avaient déjà accordé des allocations à leurs employés sans que cette mesure n'eût un caractère général.

Sur la base de cette réglementation, tous les employeurs qui avaient à leur service un ou plusieurs employés soumis à la législation en matière d'assurance-vieillesse et décès prématuré étaient assujettis au régime des allocations familiales.

Ce régime ne couvrait pas les personnes occupées à temps partiel et dont l'ensemble des occupations journalières ne totalisait pas une demi-journée de travail ainsi que celles qui exerçaient en ordre principal une profession indépendante.

Les bénéficiaires d'allocations familiales étaient l'épouse monogame non divorcée ou l'épouse séparée de corps qui assumait la garde des enfants, les enfants légitimes et naturels adoptés, chaque petit enfant non bénéficiaire d'allocations familiales d'un autre chef et chaque enfant à charge.

Ensuite est venu le ***Décret du 26 mai 1951*** relatif aux allocations familiales qui organisa et rendit obligatoire les allocations familiales à payer aux travailleurs indigènes. Ce décret fut modifié plus tard par trois autres décrets respectivement **le 19 décembre 1952, le 19 septembre 1956 et 19 mai 1958.** Ce dernier décret organisa le système de compensation des allocations familiales.

Au total, le pouvoir colonial avait réalisé 6 productions législatives dans la branche « allocations familiales ».

Le chômage, comme l'une des branches de la sécurité sociale, a aussi reçu une part de réglementation au cours de la même période.

II.1.3. Branche : chômage

Deux interventions réglementaires ont régi la branche : chômage; il s'agit d'abord de l'***Ordonnance du 12 novembre 1940*** portant création d'un Fonds de chômage en faveur de seuls citoyens belges. Cette législation réputée provisoire fut modifiée par ***l'ordonnance du 10 septembre 1943*** avant d'être abrogée par le ***décret du 6 avril 1957*** sur le soutien des non-indigènes privés de travail.

Le bénéfice de ce décret était reconnu aux personnes non-indigènes qui étaient privées de travail par suite de circonstances indépendantes de leur volonté, pour autant qu'elles avaient la nationalité belge; résidaient au Congo Belge ou au Rwanda-Urundi et se trouvaient dans l'état de besoin défini par le même décret, c'est-à-dire n'avoir pas de revenus mensuels atteignant 3.600 francs.

Ces personnes devraient, en outre, être inscrites comme demandeurs d'emploi auprès d'un bureau public de placement ou un bureau privé agréé et ne pas être d'une inconduite notoire ou s'adonner à la boisson, au jeu et aux paris.[48]

Il importe de signaler que les personnes de nationalité étrangère étaient admises au bénéfice du chômage lorsqu'un accord de réciprocité avait été conclu avec le pays dont elles étaient ressortissantes.

La quatrième branche à considérer est celle qui se rapporte aux prestations de vieillesse, la branche de pensions.

II.1.4. Branche : pensions

La branche de pensions avait bénéficié pendant la même période de quatre interventions du pouvoir colonial dont deux en vertu de textes législatifs et deux par les textes réglementaires.

Au chapitre de la réglementation de nature législative, il y a d'abord le ***Décret du 10 octobre 1945*** ayant institué l'assurance en vue de la vieillesse et du décès prématuré, décret entré en vigueur le 1er janvier 1946 et complété ultérieurement par ***l'arrêt du Régent du 23 avril 1948 et l'arrêté royal du 25 janvier 1952.***

Cette assurance couvrait les employés des deux sexes qui n'étaient pas indigènes du Congo ou des

[48] MUKADI BONYI et al, *op.cit*, p.496.

colonies voisines, occupés au Congo Belge ou au Rwanda-Urundi; les employés belges occupés dans les bases de Kigoma et Dar-es-Salam dont l'activité était exclusivement affectée, ainsi que les membres du personnel du Congo Belge et du Rwanda-Urundi qui n'étaient pas engagés par contrat.[49]

Les conditions d'octroi de la pension de retraite variaient selon le sexe du bénéficiaire de sorte que pour les assurés de sexe masculin, l'âge d'entrée en jouissance dépendait de la durée des services prestés normalement.

Après vingt ans de services, la pension pouvait être versée lorsque l'assuré atteignait l'âge de cinquante ans. Mais pour dix ans de services, l'assuré devait avoir atteint l'âge de soixante ans. Toutefois, les assurés pouvaient toujours demander la liquidation de leur rente dix ans avant l'âge prévu normalement par la loi et ce, avec réduction. En revanche, pour les assurées (sexe féminin), l'âge d'entrée en jouissance était fixé à cinquante cinq ans quelle que soit la durée des services prestés.[50]

Ensuite intervient le ***Décret du 6 juin 1956*** organisant un régime des pensions des travailleurs indigènes, lequel régime comprenait les allocations aux anciens travailleurs, la pension de retraite et les allocations aux veuves et orphelins.

---

[49] MUKADI BONYI et al, *op.cit*, p.490.
[50] *Idem,* p.491.

La gouvernance normative durant la charte coloniale en matière de sécurité sociale était relativement abondante avec 37 productions au total régissant six de neuf branches réglementées par la Convention OIT 102 du 28 juin 1952.

Les six branches organisées par l'Etat colonial sont les risques professionnels (accidents du travail et maladies professionnelles), les prestations aux familles (allocations familiales), les prestations de chômage, les prestations de vieillesse (pensions), les prestations de survivants (veuves et orphelins) et les prestations d'invalidités.

La deuxième période à considérer est celle qui part de l'indépendance à la veille du premier quinquennat de la révolution du 17 mai 1997, issu des élections libres et démocratiques.

II.2. Du 30 JUIN 1960 AU 31 DECEMBRE 2006

La période postcoloniale prenant cours à partir du 30 juin 1960 est dominée par la promulgation du ***décret-loi du 29 juin 1961*** organique de la sécurité sociale encore en vigueur ce jour.[51]

Ce texte législatif répondait à trois principes fondamentaux, à l'occurrence l'élimination de toute discrimination raciale, la stabilité financière du régime et la simplification de l'administration.

---

[51] *In Moniteur Congolais* 1961, p.319

Il a été appliqué par ***l'arrêté ministériel 8/61 du 21 octobre 1961*** sur le règlement général de l'assurance.[52]

En vertu de l'article 99 de cet arrêté, l'âge de l'admission au bénéfice d'une pension de retraite est de 65 ans pour les hommes et de 60 ans pour les femmes.

Les deux réglementations ont régi cinq de neuf branches régies par la Convention OIT 102 du 28 juin 1952. Il s'agit des risques professionnels (accidents du travail et maladies professionnelles), des prestations aux familles (allocations familiales), des prestations de vieillesse (pensions), des prestations de survivants (veuves et orphelins) et des prestations d'invalidités.

Il y a lieu de signaler également **le décret n° 05/176 du 24 novembre 2005 portant création du programme national d'appui à la protection sociale, en sigle « PNPS ».**[53]

Ce décret institue les mécanismes de prévoyance collective permettant aux individus de faire face aux conséquences financières des risques sociaux, à savoir les situations susceptibles de compromettre la sécurité économique des individus ou de leurs familles, en provoquant une baisse de leurs ressources ou un accroissement de leurs dépenses, réduisant ainsi l'inégalité devant les risques de la vie tout en leur assurant un

---

[52] *In Moniteur Congolais* 1962 n° 1 p.11

[53] *In Journal Officiel de la RDC, 5 décembre 2005, n° 23, col. 31.*

minimum de revenus permettant leur intégration à la société.

Ce service technique et social a pour objectifs globaux d'étendre la couverture de la protection sociale, d'améliorer la qualité des prestations sociales, de mettre en place et gérer un système de couverture universelle des soins de santé, de concourir aux travaux de réforme avec la commission ad hoc et de rendre effective la protection sociale pour tous.

Il convient de relever les différents textes intervenus dans chaque branche pour déterminer l'étendue et la valeur de la gouvernance normative pendant cette période de plus de 45 ans. Cette démarche va tenir compte de la hiérarchie de textes selon l'ordonnancement juridique de l'époque, en commençant par les textes internationaux régulièrement ratifiés.

II.2.1. Branche de risques professionnels

A. Les textes internationaux régulièrement ratifiés

Il y a lieu de noter en cette matière l'intervention de six conventions internationales ci-après :

- ***La Convention n°12 du 12 novembre 1921*** concernant la réparation des accidents du travail dans l'agriculture.
- ***La Convention n° 17 du 5 juin 1925*** sur la réparation des accidents du travail.
- ***La Convention n° 18 du 5 juin 1925*** sur les maladies professionnelles, ratifiées toutes les trois par la RDC le 20 septembre 1960.

Il convient de signaler en passant que la date avancée sur la ratification de ces trois conventions est celle indiquée par l'OIT qui se réfère à celle de dépôt des instruments et de l'enregistrement de la ratification par la RDC. Cette date n'est pas forcément la date effective de ratification.[54] Fautes des données, l'étude s'est contentée de la date fournie par l'OIT.

- ***La Convention n°121 du 8 juillet 1964*** concernant les prestations en cas d'accidents du travail et de maladies professionnelles approuvée par le décret-loi du 8 mai 1965 et ratifiée par la RDC le 5 septembre 1967.[55]
- ***La Convention n°118*** **du 28 juin 1962** sur l'égalité de traitement (sécurité sociale) approuvée par le décret-loi du 08 mai 1965 et dont la ratification intervenue le 1er Novembre 1967[56] n'a porté que sur les trois *branches suivantes : les prestations d'invalidité; les prestations de vieillesse; les prestations d'accidents du travail et de maladies professionnelles.*

Cette convention qui, comme la convention 102, compte, neuf branches a pour particularité d'imposer à tout pays membre l'obligation d'accorder, sur son territoire, aux ressortissants de tout autre membre pour lequel cette même convention est également en vigueur, l'égalité de traitement avec ses propres ressortissants au regard de sa législation, tant en ce qui concerne

---

[54] HEMEDI BAYOLO C., *Code du Travail : Recueil des modalités d'application. Textes officiels en vigueur au 30 septembre 2013*, éd. Concordia, septembre 2013.
[55] *In Codes Larcier, op.cit,* p.229 col.2.
[56] *Idem,* p.220 col.2.

l'assujettissement que le droit aux prestations, dans toute branche de sécurité sociale pour laquelle il a accepté les obligations de la convention.

En ce qui concerne les prestations de survivants, cette égalité de traitement doit en outre être accordée aux survivants des ressortissants d'un Membre pour lequel cette convention est en vigueur, sans égard à la nationalité desdits survivants.

Elle prévoit une dérogation, en ce qui concerne les prestations d'une branche de sécurité sociale déterminée, à l'égard des ressortissants de tout autre membre qui, bien qu'il possède une législation relative à cette branche, n'accorde pas, dans ladite branche, l'égalité de traitement aux ressortissants du premier membre.[57].

***La Convention n°102* du 28 juin 1952** concernant la sécurité sociale (norme minimum) et dont la ratification intervenue le 27 mars 1986 par l'Ordonnance-loi n° 86-201,[58] a porté sur les cinq *branches suivantes :* les *prestations de vieillesse (partie V), les prestations d'accidents du travail et de maladies professionnelles (partie VI), les prestations aux familles (partie VII), les prestations d'invalidité (partie IX) et les prestations de survivants (partie X).*

Comme le renseignent les développements précédents, certaines branches réglementées par les

[57] Article 3 de la convention n°118 du 28 juin 1962 *in OIT* http://www.ilo.org/dyn/normlex/fr/ visité le 15 mars 2013.
[58] *In Journal Officiel de la République du Zaïre* n° 10 du 15 mai 1986, p.11.

conventions internationales n'ont jamais reçu application en droit congolais, c'est le cas des soins médicaux; indemnités de maladie; prestations de maternité; prestations de chômage, toutes relatives à la convention 102.

B. En droit interne

Les trois textes réglementaires suivants ont été pris :

- ***L'Ordonnance n°66-370 du 9 juin 1966***[59] relative à la sécurité sociale et à la liste des maladies professionnelles. Cette liste, en vigueur ce jour, est limitée à 16 maladies pour toutes les activités confondues qu'organise la république, alors que se diversifie et se modernise le tissu économique du pays au regard de l'évolution technologique et industrielle mondiale.

C'est à cause de cette diversification et de l'évolution technologique observées dans le monde que le BIT avait adopté en mars 2010, une nouvelle liste des maladies professionnelles contenant de nouvelles affections, assortie de la recommandation pour les Etats membres d'actualiser leurs listes.

- ***L'Ordonnance n° 67-480 du 30 novembre 1967*** relative au barème indicatif des invalidités détermine le taux d'incapacité permanente résultant d'un accident de travail sur base du barème officiel des invalidités en RDC.[60]

---

[59] *In Moniteur Congolais* 1966, p.524.
[60] *In Moniteur Congolais* 1968, p.4.

- ***L'Arrêté n° 71/77 du 5 mai 1977*** fixant les mesures de prévention contre les intoxications par le plomb (le saturnisme professionnel).[61]
- ***L'Arrêté ministériel n°12/CAB/MTPS/ 0147/97 du 21 mars 1997*** relatif aux conditions d'agrément et de maintien en fonctionnement des organismes privés de prévention des risques professionnels.

Il appert de ce qui précède que, dans ses aspects techniques, la branche de risques professionnels a connu au total dix interventions normatives dont six par voie de ratification de conventions internationales et quatre par voie réglementaire.

La matière suivante est celle qui relève de la branche des prestations de famille constituées par les allocations familiales.

II.2.3. Branche : allocations familiales

Cette branche apparaît comme le parent pauvre de branches organisées en RDC en matière de sécurité sociale. Le faible degré d'interventionnisme de l'Etat en la matière en est la preuve la plus évidente.

Il est ici noté trois productions qui sont toutes l'œuvre de l'exécutif. Ces trois productions réglementaires sont constituées de :

L'Arrêté départemental n° 78/0046B du 14 août 1978 portant création de la commission d'étude du système de

[61] *In Journal Officiel de la République du Zaïre,* n° 22 du 15 novembre 1977, p.695.

compensation des allocations familiales, chargée d'analyse critique du régime congolais de compensation des allocations familiales de l'époque et de donner ses avis et considérations sur toute question relative aux allocations familiales, notamment sur leurs incidences sociales et financières.[62]

L'Arrêté départemental n° 80/0056 du 23 août 1980 fixant les modalités et procédures de la compensation des allocations familiales, lequel arrêté oblige l'employeur assujetti à la sécurité sociale au paiement des allocations familiales, pour compte de l'I.N.S.S., au travailleur.[63]

Le dernier texte intervenant en la matière est ***l'Ordonnance n°80-285 du 29 novembre 1980*** portant uniformisation des taux d'allocations familiales au Shaba.

Il convient de remarquer ici que non seulement cette matière n'a pas reçu en RDC une importante audience de gouvernance normative, mais elle n'a pas non plus concerné l'ensemble du pays de sorte que son champ d'application ne s'est limité qu'à la seule Province du KATANGA.

Faut-il en conclure que seule cette province méritait telle réglementation ou que la tentative expérimentale qui aurait été à la base de cette première réglementation de la RDC indépendante n'a pas jusqu'ores atteint son objectif ou n'a pas encore permis de tirer de

---

[62] Article 2 de L'Arrêté Départemental 78/0046B du 14 août 1978, *in Codes Larcier,* T.IV, édition 2003, p. 267.
[63] *In Codes Larcier,* T.IV, édition 2003, p. 267.

conclusions pertinentes pour l'extension de cette branche dans d'autres provinces ?

La tentation est trop grande de croire qu'une telle discrimination énerve la justice sociale et provoque dans le chef des employeurs une surcharge d'autant plus que le régime compensatoire que prévoit cette réglementation n'a jamais fonctionné et ne reste qu'un leurre.

Il va de soi que vue sous l'angle d'une gouvernance qualitative devant conduire au recul de la pauvreté, une telle optique agit à contre courant de la justice sociale distributive.

La dernière branche à être examinée est celle des prestations de vieillesse.

II.2.4. Branche : pensions

Cette branche essentiellement régie par le décret-loi du 29 juin 1961 organique de la sécurité sociale et par l'arrêté ministériel 8/61 du 21 octobre 1961 sur le règlement général de l'assurance, a connu au fil des temps, trois interventions réglementaires. Il s'agit des règlements suivants :

- ***L'Ordonnance n°67-480 du 30 novembre 1967*** relative au barème indicatif d'invalidité à la sécurité sociale.
- ***L'Arrêté n°05/74 du 3 avril 1974*** relatif à la demande d'adhésion et à la déclaration de versement à l'assurance volontaire de la branche pension.

- ***La Circulaire n° 002/95 du 10 mai 1995*** relative à la fixation de l'âge d'admission de la pension de retraite. Cette circulaire précise que les dispositions relatives à l'âge d'admission à la pension de retraite s'appliquent à tous les travailleurs, sans exception, relevant du régime général d'assurance sociale, qu'ils soient des entreprises publiques, privées ou d'économie mixte ; elles définissent l'âge d'admission à la pension de retraite en fonction de l'âge du travailleur et non en fonction de la durée de sa carrière.

Elle souligne, en sus que, la survenance de l'âge d'admission à la pension de retraite ouvre un droit que seul le travailleur est libre d'exercer immédiatement ou plus tard, et ne constitue en aucune manière, une obligation ou un motif pour l'employeur de mettre fin au contrat de travail. Au cas où le travailleur désirerait exercer ce droit plus tard, l'employeur ne pourrait s'y opposer que si, à la suite d'un examen médical d'aptitude au travail, le travailleur était reconnu inapte sur le plan physique ou intellectuel à poursuivre la prestation de ses services.

En fait, il y a lieu de faire observer ici que le barème indicatif d'invalidités et le pourcentage retenus depuis 1967 au regard des réalités économiques et salariales de l'époque, lesquelles pouvaient conférer un pouvoir d'achat efficace aux travailleurs et donc une part significative de cotisation au régime de sécurité sociale avec possibilité des prestations sociales substantielles, sont les mêmes qui reçoivent aujourd'hui application dans un contexte économique, un environnement du travail et une politique salariale totalement différents de la période de la réglementation de la matière.

Cela ne peut que déteindre négativement sur l'aptitude de la sécurité sociale à conférer aux assurés sociaux de véritables revenus de remplacement tendant à la réduction de la pauvreté en cas de survenance des aléas contre lesquels ils sont assurés. Une nouvelle gouvernance normative de nature réglementaire soit-elle devrait pallier la carence.

S'agissant de la sécurité sociale en général telle que régie pendant cette deuxième période, l'étude constate qu'en dehors de la seule production législative générale de 1961, il y a eu en la matière une stérilité normative alors que demeuraient sans règlementation quatre de neuf branches organisées par la Convention 102 OIT.

Elle relève en outre que la matière de la sécurité sociale qui relève constitutionnellement du domaine de la loi a été sur les 46 années laissée au régime réglementaire, situation qui a perduré jusqu'en 2013 alors que les matières n'ont pas manqué pour recevoir traitement au niveau du parlement ou de l'exécutif, matières restées sans réponses.

Après le tour d'horizon sur la période de la charte coloniale jusqu'à la veille de l'indépendance puis celle allant de l'indépendance jusqu'au 31 décembre 2006, il convient de vérifier ce qu'a été la gouvernance normative en matière de la sécurité sociale, de 2007 à 2013, période couvrant la majeure partie du double quinquennat qualifié du social où logiquement, les questions relevant de ce secteur devraient être considérées prioritaires et retenir plus l'attention du parlement démocratiquement élu.

II.3. Du 1er janvier 2007 au 31 décembre 2013

Cette période de l'étude devrait être caractérisée par des réformes à travers une certaine gouvernance normative qui conduirait à l'amélioration des conditions de vie précaires des prestataires sociaux pour favoriser les facteurs de réduction de la pauvreté.

Cependant, il y est noté une carence totale d'interventionnisme normatif dans le chef de l'Etat, si bien que le décret-loi de 1961 inadapté, dans certaines de ses dispositions, aux réalités du monde moderne, ainsi que ses mesures d'application continuent à recevoir application.

Il convient, toutefois, de signaler l'Arrêté ministériel n° 049/CAB/MIN/ETPS/MBL/2012 relatif à l'affiliation des employeurs à l'immatriculation des travailleurs ainsi qu'aux modalités et conditions de versement des cotisations de la sécurité sociale.[64]

Ce texte qui intervient essentiellement dans le contexte de maximisation des recettes de cotisations sociales revêt plus un caractère fiscal que celui des prestations dues par l'institution aux assurés en vue de

[64] *In Journal Officiel de la RDC,* première partie numéro spécial du 20 décembre 2012.

l'extension de la couverture, laissant ainsi sans solution de la question de fond.

Il prévoit l'extension du prélèvement des cotisations à charge exclusive de l'employeur à concurrence de 4% au titre des allocations familiales dans toute l'étendue de la République Démocratique du Congo telle que le veut l'article 18 tertio. Ces allocations familiales seraient attribuées à l'assuré pour chacun des enfants à charge dans la limite de six enfants.

Cependant, cet arrêté qui a rendu plus onéreuses les charges des employeurs qui ploient déjà sous le joug de faible compétitivité avec des capacités de production se situant entre 10 et 30%, en les faisant évoluer de 8,5% à 12,5% soit 47% d'accroissement, a été pris dans l'irrespect de la procédure voulue par la gouvernance qui impose la démocratie sociale et le dialogue tripartite; il est de ce fait considéré comme un mort né car il souffre, dans la pratique, d'hésitations dans sa mise en vigueur sinon simplement d'inapplication ou encore d'application sélective au point de ne revêtir aucun caractère coercitif. Il a été dénoncé par la Fédération des Entreprises du Congo et d'autres organisations patronales qui refusent de se le faire appliqué.

L'état de lieux de la gouvernance normative du régime général de la sécurité sociale peut-être succinctement représenté à travers le tableau ci-dessous :

ETAT DE LIEUX DE LA GOUVERNANCE NORMATIVE DU REGIME GENERAL DE LA SECURITE SOCIALE EN REPUBLIQUE DEMOCRATIQUE DU CONGO DE 1908 à 2013.

	Période	Branches de couverture	Conventions internationales	Textes à caractère législatif	Textes règlementaires	Total
De la Charte coloniale 19 Octobre 1908 au 29 Juin 1960, la veille de l'Indépendance de la RDC	52 ans	6 dont le chômage	1	20	16	37
Du 30 juin 1960 au 31 Décembre 2006	45,5 ans	5	6	1	12	19
Du 1er Janvier 2007 au 31 Décembre 2013, Quinquennat du social	7 ans	5	0	0	1	1
TOTAL GENERAL	104,5 ans	5	7	21	29	57

Source : nous-mêmes

Commentaires :

Aux termes de l'article 122, point 14 de la Constitution en vigueur en RDC qui dispose : « *Sans préjudice des autres dispositions de la présente constitution,* ***la loi fixe les règles concernant (...) le droit au travail et de la sécurité sociale.*** »

Contrairement à cette disposition qui a toujours existé dans toutes les constitutions ayant régi ce qui est devenu aujourd'hui la RDC, ce tableau indique que :

- Seul le législateur colonial avait connaissance de cette réalité qu'il a respectée en faisant intervenir, dans une période de 52 ans, 20 textes législatifs ou ayant force de loi et 16 textes réglementaires appelés à appliquer les premiers sur 37 productions normatives.
- Le législateur du Congo indépendant a manifestement violé ce principe constitutionnel en abandonnant la matière au domaine réglementaire de sorte qu'avec 19 productions normatives, il n'a pris à côté de 7 conventions internationales qu'un seul acte ayant force de loi avec une prédominance de textes réglementaires (12 productions) dans une période de 45,5 ans.
- Le législateur du Congo de la modernité n'est intervenu sur la période de 7 ans qualifiée du mandat du social qu'avec un texte réglementaire pris sur un fond de querelle procédurale au point de glisser dans l'inefficacité.

Au terme de cet état de lieux, quelle lecture faire d'une telle gouvernance normative du régime général de la sécurité sociale en RDC ?

CHAPITRE TROIS : ANALYSE CRITIQUE DE LA GOUVERNANCE CONGOLAISE DE LA SECURITE SOCIALE SUR LE PLAN NORMATIF : CONSTATS, CONSEQUENCES ET ALTERNATIVES.

L'importance de l'aspect normatif dans l'analyse de la gouvernance de la sécurité sociale n'est pas à démontrer. Elle participe à l'édiction des normes qualitatives appelées à améliorer la réglementation existante, à s'adapter aux réalités du monde moderne, à se contextualiser aux nouveaux concepts régissant la sécurité sociale et à créer les normes nouvelles.

Quel bilan dressé de la gouvernance normative congolaise du régime général de la sécurité sociale, quelles en sont les conséquences et alternatives ?

Ces préoccupations seront rencontrées dans ce dernier chapitre.

III.1. Constats de l'étude

S'agissant de la période considérée, l'étude dresse un bilan qui révèle le dysfonctionnement du système congolais de sécurité sociale sur le plan normatif. Elle retient le déficit de règlementation, la démission de l'Etat et le caractère embryonnaire du système notamment.

III.1.1. Déficit de règlementation et effets

A. Sur les matières techniques régissant le régime général

1. Il appert des analyses qui précèdent et du tableau sur l'état de lieu de la gouvernance normative en RDC de la Charte coloniale à 2013, que sur la période du double quinquennat du social qui a effectivement commencé en janvier 2007 et qui se poursuit en décembre 2013, aucune règlementation sur les matières techniques (création de nouvelles branches, prestations qualitatives) de la sécurité sociale n'est enregistrée.

Selon toute vraisemblance, cette lacune normative ne saurait nullement être justifiée par l'absence des matières à réglementer, ni par le motif que tout allait bien et que les conditions des prestataires sociaux étaient favorables au point de n'appeler aucune intervention du législateur ni de l'autorité réglementaire.

2. L'étude regrette aussi l'inaction coupable du législateur congolais qui a rendu permanentes, aujourd'hui plus de 35 ans depuis l'Arrêté départemental n° 78/0046B du 14 août 1978, certaines dispositions à caractère transitoire, notamment celles relatives aux prestations de survivants, à la limitation exclusive des prestations de famille au KATANGA.

Ces dispositions auraient dû, à brève échéance, être complétées après des études préalables d'une part, et l'extension des allocations familiales sur toute l'étendue de la République.

Cependant, comme démontré supra, le texte qui a été pris en la matière exclusivement par le Ministre de l'Emploi, Travail et Prévoyance Sociale, en 2012 à travers l'Arrêté ministériel n° 049/CAB/MIN/ETPS/MBL/2012, l'a été sur un fond conflictuel car pris en violation flagrante de la procédure, sans concertation préalable au sein du CNT, et donc contesté par les acteurs de la gouvernance de la sécurité sociale que sont notamment les représentants des travailleurs et la FEC.

C'est à juste titre que le Président national de la FEC a appelé, dans son discours bilan au seuil de l'année 2013, les employeurs au boycott de cette règlementation qui entame les caractères essentiels de la gouvernance, savoir la démocratie, le dialogue social et la transparence.

Cet état de choses fait que la règlementation de cette branche énerve la justice sociale au point de provoquer une discrimination injustifiée.

3. L'étude signale que s'agissant de la branche des risques professionnels, la liste des maladies professionnelles est demeurée pendant plus de 47 ans limitée à 16 affections alors que les risques au travail a sensiblement augmenté laissant des assurés sans aucune couverture de prestations de la sécurité sociale faute de la redéfinition de la notion de la maladie professionnelle qui

devrait s'élargir en y intégrant les maladies à caractère professionnel.
Ces lacunes sont révélatrices d'une absence d'intérêt et de priorités dans le chef du législateur congolais et donc d'un vrai problème de gouvernance qui provoque une série des conséquences.

B. Les effets d'une règlementation lacunaire

Cette règlementation lacunaire déteint négativement aussi bien sur les éventualités couvertes, les employeurs que les assurés sociaux.

1. Effets sur les éventualités couvertes

Le déficit de règlementation du régime général de la sécurité sociale congolaise est à la base de l'aggravation des limites du système congolais de sécurité sociale quant aux personnes protégées par celles tenant aux éventualités couvertes.

En effet, le régime général de sécurité sociale institué par le décret-loi du 29 juin 1961 organique de la sécurité sociale exclut de sa couverture quatre risques que sont les soins de santé, les indemnités de maladie, les prestations de maternité et les prestations de chômage.

Il n'a réglementé que la pension de retraite, rente des survivants, les accidents de travail et les maladies professionnelles sur les neufs risques reconnus internationalement.

2. Effets sur les employeurs

Ces lacunes, bien que partiellement comblées par le Code du travail, constituent une surcharge au débit des employeurs appelés à supporter les soins de santé en cas de maladie, d'accident, de grossesse ou d'accouchement et mettent également à leur charge l'obligation de payer les deux tiers de la rémunération en espèces et la totalité des allocations familiales.

3. Effets sur les assurés sociaux

Lorsque l'employeur décide d'user de sa faculté de résilier un contrat en cas d'incapacité du travail excédant six mois, le travailleur licencié sera tenu, sans moyen, de faire lui-même face aux frais médicaux que nécessite son état de santé, au même titre que le travailleur du secteur informel qui ne bénéficie d'aucune protection.

Cette situation met en évidence la démission de l'Etat congolais et le caractère embryonnaire du système congolais de sécurité sociale.

III.1.2. Implications du caractère lacunaire de la règlementation

A. Démission de l'Etat Congolais

L'obligation faite aux employeurs de supporter la charge des soins médicaux des travailleurs et des membres de leurs familles peut s'analyser comme une démission de l'Etat devant son obligation de garantir la population contre les risques majeurs tels que la maladie et les charges de famille, surtout que cela devrait se répercuter sur les prestations sociales qui doivent être plus consistantes pour ceux qui y contribuent.

B. Caractère embryonnaire du système congolais de sécurité sociale

Le système congolais de sécurité sociale caractérisé par la couverture insuffisante des prestations fixées par rapport aux exigences de la convention de l'OIT se trouve dans un état embryonnaire et n'intègre pas les travailleurs du secteur informel qui ne bénéficient d'aucun mécanisme viable de prévoyance sociale.

Sur ces différents points, il y a lieu de relever que la gouvernance normative du régime général par l'Etat congolais ne répond pas aux attentes des partenaires sociaux : employeurs, travailleurs et leurs représentations, et ne participe donc pas comme il se devrait à la lutte contre la pauvreté.

C. Nature du système normatif congolais de sécurité sociale

Le système congolais de sécurité sociale est défaillant et hémiplégique, handicapé par de nombreux facteurs internes que sont les insuffisances législatives et les lacunes administratives.

Ces insuffisances législatives relevant de l'Etat congolais ajoutent à l'anachronisme des textes. C'est le cas notamment de (du) :

- la branche des pensions qui continue à s'appuyer aujourd'hui sur le barème indicatif d'invalidités fixé depuis 1967 au regard des réalités économiques et salariales stables de l'époque, lesquelles conféraient un pouvoir d'achat efficace aux travailleurs sur base d'une part significative de cotisation, alors que l'on est à présent, dans un contexte économique, dans un environnement du travail et dans une politique salariale totalement différents de la période de la réglementation de la matière.

- la méconnaissance des maladies à caractère professionnel conduisant au maintien du principe de l'immunité civile qui empêche la réparation intégrale des maladies professionnelles.

- la branche des allocations familiales qui apparaît comme le parent pauvre de branches organisées en RDC en matière de sécurité sociale pour n'avoir pas reçu d'audience normative qualitative.

- conservatisme limitatif pendant plus de 47 ans de la liste des maladies professionnelles à 16 affections dans la branche des risques professionnels, alors que les risques au travail ont sensiblement augmenté laissant des assurés sans aucune couverture de prestations de la sécurité sociale. Un tel dysfonctionnement n'est pas sans conséquences.

III.2. Les conséquences de ce dysfonctionnement

Les différentes causes multiformes de dysfonctionnement produisent des conséquences sur l'aptitude de la sécurité sociale à fournir des prestations appropriées. L'insuffisance normative limite le cadre d'action de l'INSS en faveur des prestataires sociaux aux cinq branches réglementées, les laissant sans solutions par rapport aux branches maladies, soins médicaux, chômage et maternité sans oublier les allocations familiales.

Il convient d'élargir les conséquences de ce dysfonctionnement en considérant quelques aspects flagrants observés dans la vie courante en proposant certains mécanismes correctifs.

III.2.1. Au regard de la réglementation sur la réparation des maladies professionnelles

La réparation des maladies professionnelles comprises dans la branche « risques professionnels » telle que règlementée par le décret-loi du 29 juin 1961 organique de la sécurité sociale actuellement en vigueur en RDC ainsi que ses mesures d'application comprend d'une part les prestations en nature et d'autre part, les prestations pécuniaires.

A. Les prestations en nature

Les prestations en nature à la charge de l'Institut comprennent les soins médicaux nécessités par la lésion résultant de l'accident du travail ou des maladies professionnelles[65].

B. Les prestations pécuniaires

Les prestations en numéraires s'articulent en :

- Indemnité journalière en cas d'incapacité temporaire totale ou partielle dont le taux est égal aux deux tiers de la rémunération journalière moyenne de la victime, taux réduit de moitié pendant la durée de l'hospitalisation si la victime n'a pas de charge de famille. Ce taux n'est pris en charge par l'INSS qu'à l'expiration du délai de six mois, pendant lequel l'employeur est tenu de verser à la victime les deux tiers de la rémunération en espèce ainsi que la totalité des allocations familiales.
- une rente d'incapacité égale à 85% de la rémunération mensuelle moyenne en cas d'incapacité permanente totale.
- une rente dont le montant sera, selon le degré d'incapacité, proportionnel à celui de la rente à laquelle la victime aurait eu droit en cas d'incapacité permanente totale en cas d'incapacité permanente partielle supérieure ou égale à 15%.

---

[65] Article 21 du Décret-loi du 29 juin 1961 organique de la sécurité sociale tel que modifié à ce jour par l'article 2 de l'O.L. n° 68-491 du 20 décembre 1967 et repris par l'article 5 de l'AM 8/61 relatif au règlement général de l'assurance, *in Codes Larcier,* T.IV, Bruxelles, édition 2010.

- allocations uniques d'incapacité dont le montant est égal à trois fois le montant de la rente correspondant au degré d'incapacité de la victime, en cas d'incapacité permanente partielle dont le degré est inférieur à 15%.
- rentes de survivants et allocation de frais funéraires en cas de décès.

C. Appréciation de ces prestations

Ces différents régimes d'indemnisation tels que réglementés ne répondent pas au principe d'équivalence de la réparation permettant à la victime de recouvrer la somme des préjudices subis.

Il ressort de cette règlementation les seuils plus bas, conduisant aux indemnisations forfaitaires, à la non couverture du préjudice matériel de l'ayant-droit c'est-à-dire, la perte de la part des revenus dont la victime bénéficiait personnellement et à l'abandon des ayants-droit : enfants, épouses, frères et sœurs, victimes corollaires de la maladie professionnelle du *pater familias*.

Vue sous ces aspects, cette règlementation impose à la victime ou aux ayants-cause, pour obtenir réparation intégrale, d'intenter une action à l'encontre de l'employeur en réclamation du droit extracontractuel d'indemnisation du restant de dommage, à condition de fournir la preuve d'une faute de celui-ci, de son dommage et du lien de causalité, action qui viendrait en sus des prestations en nature et pécuniaires reçues de la sécurité sociale sur base du règlement des maladies professionnelles.

Ce recours est, dans l'état actuel de la réglementation, inconcevable en vertu de **« l'immunité civile »** de l'employeur et de ses subalternes qui ne peuvent être cités en justice pour le restant du dommage non couvert par le versement forfaitaire sur base du règlement des maladies professionnelles et en vertu du principe ***« specialia generalibus derogant »***.

Cette règlementation couvre partiellement ou laisse sans aucune couverture certains dommages tels les préjudices économiques et extrapatrimoniaux.

Elle confirme le fait que les victimes de maladies professionnelles relèvent d'un régime général le plus souvent défavorable et de surcroît desservi par une extrême complexité juridique qui en affecte sérieusement la réparation complète.

D. Les injustices sociales consacrées par la loi et la pratique

1. Stipulation théorique de la loi

La loi veut que le travailleur immatriculé qui perd son emploi et ne parvient pas à en trouver un autre dans les 6 mois, soit tenu de souscrire une assurance volontaire à l'INSS pour préserver son droit à la pension de retraite. S'il dépasse 65 ans sans demander le bénéfice de la retraite, il tombe dans la prescription 5 ans après, s'il n'a plus cotisé, alors que la pension devrait être un droit imprescriptible[66].

2. La pratique concrète dans l'application de la loi

L'application actuelle de la loi veut que le travailleur immatriculé qui, dans un contexte d'instabilité d'emploi, perd son poste de travail après avoir cotisé pendant 30 ou 35 ans à l'âge de 50 ou 55 ans, et donc 15 ou 10 ans avant l'âge de retraite, mais qui ne dispose plus de revenu pendant ces dernières années pour souscrire une assurance volontaire en payant un minimum qu'il fixe lui-même, ne puisse bénéficier que de l'allocation unique.

Le calcul de cette allocation serait fondé sur les 60 derniers mois d'assurance qui paraissent toujours très minimes du fait de l'inflation, par rapport au niveau qui était le sien pendant les 35 ans de cotisations en tant que salarié, sinon il perd tous les droits faute d'assurance volontaire.

Une telle application provoque une triple injustice sociale créée par la loi du fait de l'allocation unique d'abord, de la base de calcul de ces allocations ensuite, et de la possibilité de la perte des droits enfin.

---

[66] Article 106 du décret du 29 juin 1961 organique de la sécurité sociale *déjà cité.*

Ces insuffisances normatives peuvent être comblées par une cure de jouvence législative et règlementaire à travers certains mécanismes correctifs.

III.3.2. Mécanismes correctifs des insuffisances normatives

A. Sur le plan de la règlementation

Le législateur doit réglementer des aspects importants de la sécurité sociale longtemps laissés pour compte, il suffit de considérer les neuf branches prévues par les normes minimum de la Convention OIT 102, les comparer avec celles organisées par la RDC pour se rendre compte qu'il y a des besoins pressants par rapport aux branches telles que la maladie, la maternité, les soins médicaux et l'extension dans toute la république des allocations familiales en vue d'une large et suffisante couverture.

Il lui revient de renouveler rapidement la liste des maladies professionnelles et de réglementer les maladies à caractère professionnel en concevant les mécanismes juridiques de la réparation intégrale des maladies professionnelles et des accidents du travail. Par ce fait, Il pourra initier l'adaptation de la législation en vigueur aux réalités du monde moderne eu-égard aux réalités économico-socio-financières liées à l'environnement et au contexte congolais.

B. Conception d'un mécanisme transitoire pour les maladies à caractère professionnel (MCP)

En attendant, au lieu de laisser sans solution les victimes de maladies à caractère professionnel dont la situation est gravissime du fait de la méconnaissance de cette catégorie, l'Etat doit envisager la mise en place, à travers le cadre légal approprié, de deux institutions juridiques à même de soulager ces catégories et leurs victimes indirectes.

1. Mutuelle de santé

Il s'agit d'une part de la mutuelle de santé ayant pour objectif de mener dans l'intérêt de ses membres ou de leur famille, une action de prévoyance, de solidarité et d'entraide en assurant la prévention des risques sociaux liés à la personne et la réparation de leurs conséquences.

Cette mutuelle pourra se subroger de manière additionnelle aux obligations légales mises en charge de l'employeur par la réglementation sur la sécurité sociale en cas de survenance des risques sociaux tels les maladies professionnelles et à caractère professionnel.

2. Mise en place du mécanisme de couverture universelle

Il est question d'autre part de l'adoption du principe de la couverture universelle des soins de santé tendant notamment à offrir une couverture médicale à tous ceux qui ne peuvent pas être affiliés aux régimes de la sécurité sociale en garantissant l'équité et le partage du risque maladie entre les nantis et les démunis.

Cette seconde approche qui serait la conséquence d'un fonds à créer, comporterait la notion de l'assurance maladie obligatoire qui ne relèverait pas de la gestion de la SONAS afin d'éviter de se dénaturer en adoptant un caractère commercial alors qu'elle régirait par essence les matières à caractère social et qui organiserait également la prévention.

Il serait financé par un système d'impôt personnel minimum (IPM) qui permettrait d'atteindre la base et auquel serait assujetti tout chef de famille; il couvrirait tous les enfants à charge jusqu'à la majorité et donnerait lieu au moment du paiement à la carte de sécurité sociale qui accorde l'accès aux soins élémentaires.

Cet impôt personnel minimum serait perçu au niveau des entités administratives par un service qui doit être moralisé et rationnalisé. Ce serait une façon de responsabiliser et de faire participer toute la population au lieu de verser dans la gratuité.

Le taux de cet impôt devra être fixé de telle manière qu'il ne puisse pas pénaliser les nécessiteux. Si chaque congolais, en dehors de ceux qui travaillent, sont impliqués par ce système, alors la couverture sera universelle.

3. Protection de l'assuré menacé de prescription dans la jouissance des prestations sociales

S'agissant du calcul des prestations sociales pour le travailleur menacé de prescription 5 ans après, s'il n'a plus cotisé, le droit à la pension doit être considéré comme un droit imprescriptible.

Il convient en plus de revoir d'une part, la règlementation et le mode de calcul qui ne se fondent que sur les cinq dernières années dont la moyenne des rémunérations permet de calculer le taux des prestations dues et permettre d'autre part, à celui qui postule pour la retraite, cinq ans après avoir atteint l'âge sans continuer à cotiser, à demeurer éligible à la pension, évitant ainsi l'injustice sociale créée par la pratique actuelle qui consiste à lui octroyer une allocation unique.

CONCLUSION

Etant donné que le système normatif congolais du régime général de sécurité sociale est défaillant, hémiplégique et handicapé par les insuffisances législatives et les lacunes administratives, il convient, en considérant la nature, les causes et les conséquences du dysfonctionnement multidimensionnel de la gouvernance qui en découle, de tenir compte des recommandations suivantes:

- Application en matière de réparation des risques professionnels, du principe de droit commun de la responsabilité civile de l'employeur par les personnes autres que les ayants droit protégés par la loi et victimes indirectes (le conjoint survivant, enfants, ascendants, petits-enfants, frères et sœurs), mettant ainsi en branle le principe de l'immunité légale, en cas :

• d'un accident du travail mortel, droit reconnu au cohabitant de fait, la fiancée et généralement tout proche autre que les ayants-droit susvisés dans le cas où le décès de la victime leur causerait un préjudice.

• d'un accident du travail non mortel, droit reconnu à l'épouse ou la mère de la victime paralysée qui ne bénéficie pas de l'indemnisation légale du fait du préjudice personnel qu'elle subirait de l'assistance à apporter à la victime paralysée.

- Application du principe d'indexation à l'indice des prix à la consommation des indemnités et allocations payées au titre des prestations sociales, comme solution à la préservation d'un certain pouvoir d'achat des assurés et leurs ayants droit.

BIBLIOGRAPHIE

I. INSTRUMENTS JURIDIQUES

A. INSTRUMENTS JURIDIQUES INTERNATIONAUX

La Convention n°12 du 12 novembre 1921 concernant la réparation des accidents du travail dans l'agriculture ratifiée par la RDC le 20 septembre 1960 *in Codes Larcier,* T. IV., éd. Larciers, Bruxelles, 2010, p.225.

La Convention n° 17 du 5 juin 1925 sur la réparation des accidents du travail ratifiée par la RDC le 20 septembre 1960, *in OIT, Liste des ratifications des conventions internationales du travail, RDC, webfusion.ilo.org/public/db/standards/normes/appl/app,* site visité le 17/12/2012.

La Convention n° 18 du 5 juin 1925 sur les maladies professionnelles ratifiée par la RDC le 20 septembre 1960 *in OIT, Liste des ratifications des conventions internationales du travail, RDC, webfusion.ilo.org/public/db/standards/normes/appl/app,* site visité le 17/12/2012.

La convention n° 19 du 5 juin 1925 concernant l'égalité de traitement des travailleurs étrangers et nationaux en matière de réparation des accidents du travail approuvée par la loi du 23 juillet 1927, *in Codes Larcier,* T. IV., éd. Larciers, Bruxelles, 2010, p.225.

La Convention n°121 du 8 juillet 1964 concernant les prestations en cas d'accidents du travail et de maladies professionnelles approuvée par le décret-loi du 8 mai 1965 et ratifiée par la RDC le 5 septembre 1967, *in Codes Larcier, Tome IV,* éd. Larciers, Bruxelles, 2010, p.229 col.2.

La Convention n°118 du 28 juin 1962 sur l'égalité de traitement (sécurité sociale) approuvée par le décret-loi du 08 mai 1965 et dont la ratification intervenue le 1er Novembre 1967 *in Codes Larcier, Tome IV,* éd. Larciers, Bruxelles, 2010, p.220 col.2.

La Convention n°102 du 28 juin 1952 concernant la sécurité sociale (norme minimum) et dont la ratification intervenue le 27 mars 1986 par l'Ordonnance-loi n° 86-201, *in JOZ n° 10* du 15 mai 1986, p.11.

B. INSTRUMENTS JURIDIQUES INTERNES

La Constitution de la République Démocratique du Congo telle que modifiée par la Loi n°11/002 du 20/01/2011 portant révision de certains articles de la Constitution de la RDC du 18/02/2006, *in Journal Officiel de la République Démocratique du Congo* n° spécial, 2011 du 05 février 2011.

Loi n° 015/2002 du 16 octobre 2002 portant Code du Travail, *in Journal Officiel de la République Démocratique du Congo*, numéro spécial du 25 octobre 2002.

Décret-loi du 29 juin 1961 organique de la sécurité sociale, *In Moniteur Congolais* 1961, p.319, *in Codes Larcier,* Tome IV, éd. Larciers, Bruxelles, 2003.

Décret du 16 mars 1922 portant sur le contrat du travail, PIRON P. et DEVOS J., *Codes et Lois du Congo Belge*, Tome 2, première édition bilingue 1954.

Arrêté Régent du 16/11/1949 relatif aux maladies professionnelles donnant lieu à réparation, in STROUVENS L. et PIRON P., *Codes et Lois du Congo Belge,* 6è édition des codes Louwers, Léopoldville, 1954, p. 1014.

Ordonnance n° 23/206 du 20 juillet 1951 exécutant le Décret du 20 décembre 1945 et modifiant l'annexe de l'ordonnance n° 149/Trav. Du 16 mai 1947, *in Bulletin des arrêts du CONGO-BELGE, n° 13,* 10 juillet 1951, pp 1545-1546.

Ordonnance n° 23/207 du 20 juillet 1951 prise en exécution du Décret du 1er août 1949 relatif aux maladies professionnelles survenues aux travailleurs indigènes, et modifiant l'annexe de l'ordonnance n° 23/157 du 12 mai 1950, *in Bulletin des arrêts du CONGO-BELGE, n° 13*, 10 juillet 1951, pp 1547-1548.

Ordonnance n°66-370 du 9 juin 1966 relative à la sécurité sociale et à la liste des maladies professionnelles, *in Moniteur Congolais* 1966, p.524.

Ordonnance n° 67-480 du 30 novembre 1967 relative au barème indicatif des invalidités en RDC, *in Moniteur Congolais* 1968, p.4.

Ordonnance n°80-285 du 29 novembre 1980 portant uniformisation des taux d'allocations familiales au Shaba, *in Journal Officiel de la République du Zaïre,* n° 24 du 15 décembre 1980, p. 24.

Décret n° 05/176 du 24 novembre 2005 portant création du programme national d'appui à la protection sociale, en sigle « PNPS », *in Journal Officiel de la République Démocratique du Congo* du 5 décembre 2005, n° 23, col. 31.

Décret N°09/53 du 03 Décembre 2009 fixant les Statuts d'un Etablissement public dénommé Institut National de Sécurité Sociale en sigle « I.N.S.S. », *in Journal Officiel,* numéro spécial du 10 décembre 2009.

Arrêté ministériel 8/61 du 21 octobre 1961 relatif au le règlement général de l'assurance *In Moniteur Congolais* 1962 n° 1 p.11.

Arrêté n°05/74 du 3 avril 1974 relatif à la demande d'adhésion et à la déclaration de versement à l'assurance volontaire de la branche pension), *in Journal Officiel de la République du Zaïre,* n° 21 du 1er novembre 1974, p. 1015.

Arrêté n° 71/77 du 5 mai 1977 fixant les mesures de prévention contre les intoxications par le plomb (le saturnisme professionnel), *in Journal Officiel de la République du Zaïre* n° 22 du 15 novembre 1977, p.695.

Arrêté Départemental 0021 du 10 avril 1978 relatif à l'affiliation des employeurs, à l'immatriculation des travailleurs ainsi qu'aux modalités et conditions de versement des cotisations de la sécurité sociale *in Journal Officiel de la République du Zaïre*, n° 8 du 15 avril 1978.

Arrêté départemental n° 78/0046B du 14 août 1978 portant création de la commission d'étude du système de compensation des allocations familiales, chargée d'analyse critique du régime congolais de compensation des allocations familiales *in Codes Larciers,* T.4, édition 2003, p. 267.

Arrêté départemental n° 80/0056 du 23 août 1980 fixant les modalités et procédures de la compensation des allocations familiales, lequel arrêté oblige l'employeur assujetti à la sécurité sociale au paiement des allocations familiales, pour compte de l'I.N.S.S., au travailleur *in Codes Larciers,* T.IV, édition 2003, p. 267.

Circulaire n° 002/95 du 10 mai 1995 relative à la fixation de l'âge d'admission de la pension de retraite, *in Codes Larcier, Tome IV,* éd. Larciers, Bruxelles, 2010, p.255.

Arrêté ministériel n°12/CAB/MTPS/ 0147/97 du 21 mars 1997 relatif aux conditions d'agrément et de maintien en fonctionnement des organismes privés de prévention des risques professionnels, *in Codes Larcier, Tome IV,* éd. Larciers, Bruxelles, 2010, p.239.

Arrêté ministériel n° 049/CAB/MIN/ETPS/MBL/2012 relatif à l'affiliation des employeurs à l'immatriculation des travailleurs ainsi qu'aux modalités et conditions de versement des cotisations de la sécurité sociale, *in Journal Officiel de la République Démocratique du Congo*, première partie numéro spécial du 20 décembre 2012.

II. DOCTRINE

A. OUVRAGES

AISS, *Lignes directrices de l'AISS en matière de bonne gouvernance à l'usage des Institutions de la sécurité sociale : un outil d'évaluation,* 2010.

DUPEYROUX J.J., BORGETTO M. et LAFORE R., *Droit de la sécurité sociale,* 17è édition, Dalloz, Paris, 2011.

HEMEDI BAYOLO C., *Code du Travail : Recueil des modalités d'application. Textes officiels en vigueur au 30 septembre 2013*, éd. Concordia, septembre 2013.

INSS, *INSS 50 ans au service des assurés sociaux, 1961-2011*, INSS, mars 2012.

MUKADI BONYI et al., *Cinquante ans de législation post coloniale au Congo-Zaïre : Quel bilan ?* CRDS, Bruxelles, 2010.

OIT, *La gouvernance des systèmes de sécurité sociale : un guide pour les membres des conseils d'Administration en Afrique*, CIF, 1ère édition, Turin-Italie, 2010.

B. ARTICLES, REVUES ET RAPPORTS

AISS, « Gouvernance et gestion, séance plénière : définition d'une nouvelle approche de la bonne gouvernance pour les administrations de la sécurité sociale, Compte rendu, Cape Town, 30/11/2010 », disponible sur *http://www.issa.int/fre/Breves-et-evenements/Breves/(offset)/100.pdf.,* visité le 21 décembre 2010

CIT, *Sécurité sociale pour la justice sociale et une mondialisation équitable*, rapport VI, 100è session, BIT, Genève 2011.

CORREA P., « La gouvernance », *in revue de littérature française*, Paris, 2007.

ENJOLRAS B., « Norvège: une gouvernance fragmentée, du néo-corporatisme à la pluralité des réseaux », *in Institute for Social Research (ISR),* Oslo, 2006-2007.

LE NOUVEAU CENTRE, *L'UDF d'aujourd'hui, Justice sociale et mondialisation,* éd. Nouveau Centre, Paris, 2007.

Ministère de l'Emploi, Travail et Prévoyance Sociale de la RDC, *Politique Nationale de l'Emploi et de la Formation Professionnelle « PNEFP »,* Kinshasa, juin 2011.

NOREAU P., « Mutation de la gestion d'État et mutation du droit public ? Tendances et perspectives », *in Centre de recherche en droit public*, Université de Montréal, Montréal, 2007.

PAQUIN S., « La gouvernance à paliers multiples : un accent sur le cas de la Belgique », *in Département d'histoire et de science politique*, Université de Sherbrooke, 2006-2007.

VASSIRIKI TOURE, *Les régimes de Prévoyance dans les pays de FANAF, état des lieux et perspectives*, symposium 23ème Assemblée Générale Annuelle « FANAF », CIPRES, Lomé 16 février 1999.

C. MEMOIRE DE D.E.S

LOKO MANTUONO G., *Maladies à caractère professionnel et sécurité sociale en République Démocratique du Congo : esquisse du droit comparé et proposition de réforme de la liste de 1966. Cas de la BRALIMA et de la SOTEXKI à Kisangani,* Mémoire de Diplôme d'Etudes Supérieures en Droit, UNIKIS, FD, 2010-2011.

D. WEBOGRAPHIE

BELLINA S, MAGRO H. et VILLEMEUR V., « La gouvernance démocratique », disponible sur *http:// www.institut-gouvernance.org*, visité le 10 juillet 2012.

BIT, *Les conventions fondamentales de l'OIT,* Genève, 2003, disponible sur *http://www.ilo.org/wcmsp5/group/public/...ed.../wcms_095896.pdf*, visité le 10 Aout 2011.

BIT-DSS, *Établir des normes de sécurité sociale dans une société mondialisée,* Document consultatif/Genève, 2008, disponible sur *http://www.ilo.org/wcmsp5/group/public/...ed.../wcms_123898.pdf*, visité le 04 septembre 2012.

Convention n°118 du 28 juin 1962 in *OIT* *http://www.ilo.org/dyn/normlex/fr/* visité le 15 mars 2013.

Table des matières

L'HARMATTAN ITALIA
Via Degli Artisti 15; 10124 Torino

L'HARMATTAN HONGRIE
Könyvesbolt ; Kossuth L. u. 14-16
1053 Budapest

L'HARMATTAN KINSHASA
185, avenue Nyangwe
Commune de Lingwala
Kinshasa, R.D. Congo
(00243) 998697603 ou (00243) 999229662

L'HARMATTAN CONGO
67, av. E. P. Lumumba
Bât. – Congo Pharmacie (Bib. Nat.)
BP2874 Brazzaville
harmattan.congo@yahoo.fr

L'HARMATTAN GUINÉE
Almamya Rue KA 028, en face du restaurant Le Cèdre
OKB agency BP 3470 Conakry
(00224) 60 20 85 08
harmattanguinee@yahoo.fr

L'HARMATTAN CAMEROUN
BP 11486
Face à la SNI, immeuble Don Bosco
Yaoundé
(00237) 99 76 61 66
harmattancam@yahoo.fr

L'HARMATTAN CÔTE D'IVOIRE
Résidence Karl / cité des arts
Abidjan-Cocody 03 BP 1588 Abidjan 03
(00225) 05 77 87 31
etien_nda@yahoo.fr

L'HARMATTAN MAURITANIE
Espace El Kettab du livre francophone
N° 472 avenue du Palais des Congrès
BP 316 Nouakchott
(00222) 63 25 980

L'HARMATTAN SÉNÉGAL
10 VDN en face Mermoz, après le pont de Fann
BP 45034 Dakar Fann
33 825 98 58 / 33 860 9858
senharmattan@gmail.com / senlibraire@gmail.com
www.harmattansenegal.com

L'HARMATTAN BÉNIN
ISOR-BENIN
01 BP 359 COTONOU-RP
Quartier Gbèdjromèdé,
Rue Agbélenco, Lot 1247 I
Tél : 00 229 21 32 53 79
christian_dablaka123@yahoo.fr

Achevé d'imprimer par Corlet Numérique - 14110 Condé-sur-Noireau
N° d'Imprimeur : 112641 - Dépôt légal : octobre 2014 - *Imprimé en France*

www.ingramcontent.com/pod-product-compliance
Lightning Source LLC
LaVergne TN
LVHW051404061026
849535LV00009B/3351
* 9 7 8 2 3 4 3 0 4 6 8 5 3 *